恐怖実話
狂禍

渋川紀秀

竹書房
怪談
文庫

目次

離脱中に

真衣《まい》さんが難関大学合格を目指して浪人中だった頃。

いつものように、真衣さんは朝から近くの市立図書館の閲覧スペースで受験勉強をしていた。

当時、受験日が迫っていて、家に帰ってからも真夜中まで勉強していたので、睡眠時間は一日四時間ほどしか取れていなかった。

栄養ドリンクやコーヒーを飲んで、眠気とだるさと戦いながら勉強に励んでいたが、昼過ぎに睡魔が襲ってきた。

閲覧スペースの机には、「居眠りはご遠慮ください」という注意書きが貼られていた。

六人がけのテーブルには、麻衣さんの他に、園芸雑誌をめくる中年の主婦と、洋書を読んでいるスーツ姿の白髪の老人が座っている。

この二人なら、私が寝ても注意してくるようなことはないだろう。

十分だけでも休んでからの方が、効率よく勉強できる気がする。

真衣さんは机に突っ伏して、目をつぶった。

ほどなく意識が闇に沈んだ。

気がつくと、真衣さんは眠っている自分の体を上空から見下ろしていた。

テーブルには、眠る前と同様に、主婦と老人が座っていた。

はは一ん、これが幽体離脱ってやつだな、と真衣さんは不思議と冷静に考えた。

上空にいる真衣さんの体や頭は固定されていて、自由には動かせなかった。

眠る前と同様、中年主婦が雑誌のページをめくる音や、老人が咳払いをする音は聞こえる。

しばらくすると、誰かの足音が近づいてきた。

視界に現れたセーラー服の少女が、寝ている真衣さんの左隣の席に座る。

自分も中学の頃は、あんな制服を着てたなあ、と真衣さんは懐かしく思った。

少女は、寝ている真衣さんの体を眺め回している。

主婦と老人は、相変わらず自分の読書に没頭していた。

少女が真衣さんの方に体を向けて座り直す。と次の瞬間、身をかがめて、真衣さんの腹に顔を近づけてきた。

痛っ！

幽体離脱中の真衣さんの意識に鋭い痛みが走った。

少女が、真衣さんの胴を両腕で抱え、腹に噛み付いているのが見えた。

自分の横腹から鮮血が漏れている。

同じテーブルにいる主婦と老人は、その様子に全く無関心だった。

ちょっと、なにしてるのよ！

声にならない叫びをあげながら、意識を自分の体に戻そうとしたが、全く動けなかった。

体のコントロールを失い、視覚と痛みだけが自分に残されているようだった。

痛みが増していき、少女の顔が血で汚れていく。

ひどい便秘の時の鈍重な痛みと、生理が重い時の痺れるような激痛を同時に覚えた。そこに、肉を抉《えぐ》られる苦痛が加わる。

熊の爪に裂かれた鮭《さけ》の腹のように、自分の腹の中から血まみれのイクラのようなものがぬるぬると出てきた。

やめて！

叫びたくても、声が出ない。

だが、真衣さんの心の叫びが届いたのか、少女がふと、腹をむさぼるのをやめた。

少女は体をゆっくりとねじり、上空にいる真衣さんの方を見た。

血まみれの顔が、ニタア、と笑った。

その顔に、見覚えがあった。

陽子《ようこ》……。

中学時代の友人だった。

彼女はクラス内でいじめの標的になった。真衣さんは巻き込まれたくなくて、自己保身のために彼女を見捨ててしまった。

陽子は不登校になり、以来、自宅に引きこもっていると噂されていた。

声のない悲鳴を上げて、真衣さんは目を覚ました。

自分の体は傷ついておらず、元のままだった。

真衣さんは急いで図書館から自宅に戻ると、しばらくぶりに中学の友人に電話をかけてみた。

友人から、陽子が数日前に亡くなったと聞かされた。

受験が終わった後、真衣さんは友人たちとともに、陽子の墓参りに行った。

その日の夜中、真衣さんは突然息苦しくなり、目を覚ました。
腹の上に、中学の制服姿の陽子が正座していた。
友情を交わしていた頃の優しいまなざしで、陽子は真衣さんをじっと見ている。
恐怖に襲われ、体に力がうまく入らなかった。
真衣さんは渾身《こんしん》の力を込めて口を開いた。
「ごめんなさい……あの時は、助けられなくて、本当にごめんなさい」
真衣さんが何度も謝ると、陽子はすうっと消えた。
だが、真衣さんは今でも時々、夢の中で中学時代の陽子と出くわすという。

あっかいやあ

敏也《としや》さんが十歳だった頃。

近所の同級生・綾《あや》が転校するので、冬休みにさよならパーティーをすることになった。

綾の父親は貿易関係の仕事をしていて、転勤に伴って一家で引っ越すのだという。

綾の一家が住んでいた広い借家でのパーティーに招かれたのは、クラスメイト全員ではなかった。綾が選んだ、親同士も仲が良い男女十人が呼ばれ、その中に敏也さんも含まれていた。

敏也さんはひそかに綾に憧れていた。さらさらのきれいな長い黒髪に、いつか触ってみたい、とずっと思っていた。

さよならパーティーが最後のチャンスだった。

だが、あからさまに触ったら、綾は泣いてしまうだろうし、母親にも怒られる。クラスメイトの女子たちには軽蔑され、クラスで気まずい思いをしてしまう。そう思うと、なかなか実行できなかった。

パーティーの終盤で、敏也さんにとって絶好のチャンスが訪れた。

十畳ほどの綾の部屋で、テーブルを囲んでチョコケーキと紅茶をみんなで飲み食いしていた時だった。

クラスメイトの母親たちは皆、リビングで談笑しており、綾の部屋には子供しかいなかった。

「最後にパアっとみんなで騒ぎたいな」

綾が言った。

「じゃあ、薄いカーテンだけじゃなく分厚いカーテンまで閉めて、電気消してみない?」

参加していた少女の一人が言った。

「ああ、それ楽しそう」

クラスで人気のあるスポーツの得意な少年が言った。

「じゃあ、俺が消すよ」

敏也さんは立ち上がり、電気のスイッチに近づきながら、綾がいる場所を確認した。

五歩まっすぐに歩けば綾の髪に触れられるように、体の向きを調整した。

敏也さんはドキドキしながら電気を消した。

部屋が真っ暗になった途端、女子たちがきゃあきゃあと騒ぎ始めた。

チャンスだ、と思った。

どさくさにまぎれて髪に触っても、誰が触ったかわからないはずだ。両隣にいる少女のどちらかに触られたと思うだけだろう。

敏也さんは素早く綾に近づいた。

暗闇で綾のシャンプーのにおいを感じながら、髪があるはずの場所に右手を伸ばした時。

手首を誰かにがっしりと掴まれた。

「あっかいやあ！」

敏也さんの耳元で女が怒鳴った。その息は梅昆布茶のにおいがした。

うわ、と悲鳴を漏らしながら、敏也さんは掴んできた手を振り払い、電気のスイッチを急いでつけた。

みんなの不思議そうな顔が、敏也さんに集中していた。

「どうしたの、いきなり叫んだりして」

「敏也くん、暗闇が怖かったんじゃないの」

クラスメイトたちが敏也さんのことを嗤《わら》った。

綾も首をかしげていた。

部屋を見渡しながら、おかしいな、と敏也さんは思った。

あっかいやあ、と怒鳴ったのは、どう考えても大人の女性だった。

誰かの母親が、暗くした部屋に入ってきて、自分を叱ったのかと思っていたのに。

部屋の中には、クラスメイトがいるだけだった。

「俺、さっき、あっかいやあ、って怒鳴られたんだよなあ」

敏也さんがそう言うと、他のみんなは不思議そうな顔をした。

「はあ？　そんな声、聞こえなかったぞ」

男子の一人が呆れたように言う。

「ねえ敏也君、あっかいやあ、って言ったの？」

なぜか綾が真剣な顔つきで、敏也さんに訊いてきた。

「うん、あっかいやあ、って言った」

「じゃあ、わたし、おばあちゃんに怒られちゃったんだ」

あっかいやあ、というのは、駄目だぞ、と叱る時に使う播州《ばんしゅう》弁なのだという。

綾の母方の祖母は、兵庫県南部の海沿いの街に住んでいた人で、癖の強い播州弁を話していたらしい。

だがその祖母は、一年前の夏に亡くなっていた。

「わたし、おばあちゃんにずっと見守られてるの」

綾はニコニコしながら言った。

ふっと、綾の長い黒髪の一部が白くなった。

綾の頭の上に、目鼻立ちのくっきりした老婆の顔が現れた。その白髪の先が、綾の黒髪にかかっている。

老婆は真っ赤な目を剥いて、敏也さんを睨んでいた。

敏也さんの体は恐怖で固まってしまった。

ごめんなさいごめんなさい、と何度もつぶやくと、老婆は溶けるように消えていった。


それから十年の月日が流れた最近のこと。

敏也さんは不意に綾のことを思い出し、久しぶりに、フェイスブックで綾のページを見ていた。

「喧嘩してしまった彼氏がバイクで大怪我をしてしまって悲しい」

と綾が近況を報告していた。

綾のプロフィール写真は、その彼氏らしき男とのツーショットになっている。

彼女と一緒に楽しそうに笑う男の右肩に、敏也さんの目は釘付けになった。

「写真の光の加減かもしれないんですけど、僕にはそう見えたんですよ」

彼女の右肩に白い線がかかっている。それは、あの時に見た老婆の白髪を彷彿《ほうふつ》とさせた。

「綾ちゃん、今でもおばあちゃんに守られてるんでしょうね。彼氏のバイク事故っていうのも、もしかしたら、ね」

敏也さんはそこまで言うと顔をしかめて、自分の右肩を素早く右手で払った。

オヤシキサマ

好香《このか》さんは、中学二年の頃に、中年男につきまとわれたことがある。

最初に男に気づいたのは、六月第一週の金曜日、テニス部の部活帰りだった。

夕暮れ時の商店街を抜けて、人通りの少ない細いY字路を左に行こうとした時に、後ろから視線を感じた。

振り返ると、男と目が合った。男は立ち止まり、目をそらした。

灰色のスーツを着ていて、やや小太りで、陰湿そうな顔立ちの、見知らぬ男だった。

好香さんが走ると、男も走りだした。

やばい、と思った。

Y字路を抜けた先で、まっすぐ行くべき道を、わざと左に曲がり、遠回りして家に帰ることにした。

いざとなったら、テニスラケットを振って戦ってやる。

そう思いながら、家の前の道に入る前に、好香さんは振り返った。

スーツの中年男はいなくなっていた。

家に帰って、慌てて鍵を閉めて、母親に事情を説明した。

覚えている限りの中年男の特徴を伝えると、母親は、近くの警察署に相談してあげる、と言ってくれた。

だが、その次の週の金曜日にも、好香さんは中年男につきまとわれた。

やはり、商店街を抜けたあたりで振り返ると、男の姿があった。

男は慌てて目をそらす。

好香さんは早足で商店街に戻り、コンビニに入った。

男もコンビニに入ってきた。

男は商品棚をちらちら見ているが、意識を好香さんの方に向けているのは明らかだった。

好香さんは会計を終えた若い女性客の後ろについて、コンビニを出た。

オフホワイトのパンツスーツを着た、気の強そうな女性だった。

この人なら助けてくれるかもしれない。そう思って声をかけようとした。だがその女性は、好香さんの接近を迷惑がるようにさっさと歩いていき、駐車場にある車に乗り込んでしまった。

好香さんは失望したが、足を止めている余裕はなかった。後ろから男の気配を感じて、好香さんは走った。

男もハアハア言いながら追いかけてくる。

前の週と同じく、遠回りして男をなんとか振り切り、家に着いた。

家には誰もいなかった。

恐怖と怒りで震えながら、話を聞いてもらおうと、近所の友達の聡子《さとこ》に電話をして、状況を説明した。

「そっか。警察も中々動いてくれないのかな……ねえ好香、そいつを、あの空き家に誘い込んでみたら？」

聡子の言葉を聞いて、好香さんは昔のことを思い出した。

小学校三年生の夏休み。昼頃、近所の友達と一緒に、近くの空き地で友達と待ち合わせて、鬼ごっこをした時のことだ。

じゃんけんで負けた聡子が鬼になった。聡子は好香さんにいたずらっぽい笑みを向けると、しつこく追いかけてきた。

好香さんは商店街を抜けて、Y字路を右に曲がって、しばらく走った。聡子はぴったり後ろについてくる。

普段は通らない、川沿いの砂利道に出た。立派な瓦屋根のある和風の家がぽつんと立っているのが見えた。家の周りには門もフェンスもない。

好香さんはその家にそっと近づいた。壁には長い蔦《つた》が縦横無尽に這っていて、玄関先には空き缶がいくつも転がっている。

どうやら空き家のようだ。

ちょっと怖いけど、あそこに逃げ込めば、聡子を振り切れるだろう。

好香さんはそう思い、空き家の引き戸を力任せに開けてみた。戸には鍵がかかっておらず、すんなり開いた。聡子に見つからないよう、家の中にするりと身を潜め、素早く戸を閉めた。

天井の高い家だった。中は埃《ほこり》っぽかったが、夏の日差しのおかげで明るかった。

窓から差し込む陽光で廊下の床板が白く浮き上がっていた。干涸びた虫の死骸がいくつか転がっている。

やがて、空き家の前の砂利道から足音が聞こえてきた。

この家に入るところを、聡子に見られていたのか。

好香さんは鼻呼吸を止めてカビ臭いにおいを我慢しながら、土足のまま廊下を進んだ。

空き家の奥の部屋に入り、茶色く変色した押し入れの中に隠れる。

玄関の引き戸がガタガタと音を立てて開くのが聞こえた。

「好香、いるんでしょ？」

玄関の方から聡子の声が聞こえた。

好香さんは呼吸の音が漏れないように両手で口を押さえ、聡子が家から離れるのを待つことにした。

「い……いやあああああ」

突然、聡子が絶叫した。慌てて走り去る足音も聞こえる。

そういえば聡子、虫が嫌いだったな。空き家にいた蜘蛛やムカデに出くわして、驚いちゃったのかな。

好香さんは害虫に出くわさないように気を付けながら、そっと空き家を出た。

空き地に向かう道の途中でうずくまっている聡子を見つけて、好香さんは心配になった。

虫に噛まれたのかもしれない。

「だいじょうぶ？」

後ろから声をかけると、聡子はびくりと体を縮こませた。

「ああ、好香か……ねえ、さっき好香もあの空き家に入ったよね？」

聡子が震えながら訊いてきた。泣きそうな顔をしている。

スカートが少し濡れていた。失禁してしまったようだ。

「好香は、あの大女から逃げられたの？」

それから聡子は堰《せき》を切ったようにしゃべり始めた。

あの空き家の、引き戸から入った先の廊下で、聡子は頭が天井まで届くほどの大女を見たという。

あの天井まで届くとなると、二メートル半くらいの身長、ということになる。

髪は灰色で腰に届くほど長かった。両手の爪はナイフのように鋭く伸び、口は耳まで裂けていた。

そして、大女の首は、腕と同じくらい長かったという。

巨大なイカのような白く長い脚をぐにゃぐにゃと動かしながら、聡子のいる玄関に近づいてきたらしい。

好香さんはそんなものを見てはいなかった。聡子は何を言ってるんだろ、と不思議だった。だが、学校では気が強くて、大柄な男の子とも喧嘩するような度胸のある聡子が、あの空き家で、失禁するような怖い目に遭ったことだけは間違いなかった。

鬼ごっこは中止になった。好香さんは聡子を家まで送っていった。

道中、聡子は恐怖で震え続けていた。

数日後。小学校の昼休みに、好香さんは聡子から例の空き家についての噂を聞いた。

その後も、別の人から、あの空き家で異様に大きな人型の何かを見た、という目撃談を何件も好香さんは聞いた。

あの出来事から、もう五年か。

懐かしさを感じながら、好香さんは空き家のことを思い返した。

「あの空き家、今でもあるよ。好香は平気だったんでしょ。あの廊下の突き当たりの左の部屋に洗面所か何かがあって、そこに勝手口があるみたい。好香はそこから抜けだせばいいよ。そのストーカーを家に誘い込んじゃえば、大女が何とかしてくれるかも」

「でも、そんなにうまくいくかなあ」

「とりあえず、やってみたら。大の大人でも腰を抜かしちゃうらしいから」

試してみようかな、と好香さんは思った。

警察は頼りにならない。

母が警察に相談してくれていたが、具体的な被害がないと動けませんねえ、と警察の担当者からぶっきらぼうに言われたらしく、母は怒っていた。

好香さんは次の週の金曜日も、商店街を抜けた所で、中年スーツ男の追跡に気づいた。

男をあの空き家に誘い込めば、なんとかなる気がした。

Y字路を、左ではなく右に曲がる。

他に人影の見えない寂しい道を、少し速めに歩いた。

男から襲われない距離をとりながらも、男がなんとかついて来られるように調整した。

聡子の言う通り、あの空き家は残っていた。

外壁には、以前見たときよりも多くの蔦が絡まり、壁の色も暗くなり、鬱蒼としていた。

好香さんは玄関に走り寄って、引き戸を力任せに開き、中に入って引き戸を閉めた。

用意していたマスクを着けると、携帯電話のライトを点け、奥に進む。

聡子が言っていた通り、左に洗面所があり、勝手口の木戸もあった。

重い足音が、砂利道をゆっくりと近づいてきた。

中年男が空き家の中で自分を襲おうとしているのだと思うと、好香さんは緊張した。
勝手口の木戸の取っ手を力一杯引いた。だが、なかなか開かない。
後ろで、正面の引き戸がガタガタと鳴り、開く音がした。
中年男が、廊下の床板に土足で上がってきた。
このままじゃヤバい。
ごめんなさい、と好香さんは呟いて、勝手口の木戸を蹴った。
三度蹴った時、木戸が外れて、好香さんは空き家の外に走り出た。
直後、後ろから、中年男の絶叫が聞こえた。
好香さんは振り向かず、一目散に走って家に戻った。
しばらくした後、近くで救急車のサイレンが鳴っているのを聞いた。
それ以降、金曜日に中年男からつけられることはなくなった。

およそ一ヶ月後。
好香さんは聡子と一緒に、件《くだん》の空き家の近くを通った。
近くをほうきで掃いていた老人に、最近このあたりで変わったことはありませんでしたか、と好香さんは訊いてみた。

「変わったことかあ。そう言えば、先月、空き家の前で、ここらで見かけたことのなかったスーツ姿の男がいてな。泡を吹いて倒れてたから、救急車を呼んでやったよ」

老人はそう教えてくれた。

好香さんは老人にお礼を言って立ち去ろうとした。

「オヤシキサマに遭ったんじゃろうか」

老人がそう呟いた。

空き家はその約五年後、取り壊された。

重機で柱や梁が解体された日。

好香さんは空き家のある方角から、女の甲高《かんだか》い悲鳴のようなものを聞いたという。

青い蟻

和子《かずこ》さんは、八歳の時、父親の口の中から大きな青い蟻《あり》が一匹、出てくるのを見た。

かき氷にかけるブルーハワイのような青だったという。

当時の和子さんの人差し指くらいの体長だった。

その時、父は母親に、帰宅が遅くなった理由を説明していた。

取引先との飲み会を断れずに、遅くなってごめん、などと言っていた。

蟻は、父の上唇をうろうろしながら、頭の先の触覚をウネウネと嫌らしく動かしている。

いつもは、蚊が腕に止まったりしたら、すぐに気づくような父親だった。

だが、なぜかその蟻には気づかない。

「おとうさん、蟻が唇に付いてるよ」

和子さんがそう言うと、父は首をひねりながら自分の唇の先を指で払った。

青い蟻は指先の間をすり抜けているのか、平気で唇を歩き続けている。

それから父と母は寝室に入った。

間もなく母の怒鳴り声が聞こえてきた。

その後も何度か、父の口から青い蟻が出てくるのを和子さんは見た。

どうやら、父が嘘をつくと、その蟻は現れるらしかった。

母から、その蟻が見えるときは教えてね、と頼まれた。

和子さんは正直に母に伝えていた。

ほどなく、父と母は離婚した。

蟻が見えてしまったせいだ、と和子さんは思った。あんな蟻、もう二度と見たくない、と思った。

それから二十年間、その青い蟻が見えることはなかった。

「でも、最近また見えるようになっちゃって」

結婚五年目の夫が不自然に遅く帰宅する時、その言い訳をする口から青い蟻が出てくるという。

同じくらいの年の子

友子《ともこ》さんは大学生の時、近所の個別指導学習塾で塾講師のアルバイトをしていた。

その学習塾は、全国に教室を展開している大手企業で、塾の教室は四階建てビルの二階に入っていた。

授業用の部屋には生徒用のブースと椅子が左右に三つずつ並んでいて、講師一人につき、一人から三人までの生徒を教えることになっていた。

教室には、小学校の高学年から中学三年生までの生徒が在籍していた。難関受験校の志望者は少なく、学校の授業になかなかついていけない生徒たちが多かった。

バイトを始めてから三日目。その日は土曜日だった。

友子さんは教室長から声をかけられた。

「今日の十九時から入ってもらう生徒は、ちょっと変なことを言うかもしれないけど、あんまり気にしないでね」

「変なことって、なんですか？」

「まあ、そういう話にならない時もあるみたいだけど」

教室長は眼鏡を親指でくいっと上げて、曖昧な笑みを浮かべ、答えを濁した。

変なこと、という教室長の言葉から、友子さんは最初に授業に入った日のことを思い出した。

教室の入口ドアには、生徒や保護者が出入りしたことを知らせるための、人感センサーと連動したチャイムが付いていた。

そのチャイムが聞こえたら、講師はドアに向かって元気よく挨拶するように、と教室長から言われていた。

友子さんが初めての授業の準備をしていた時、チャイムが鳴った。

教室長と友子さんと、その場にいた別の講師が挨拶をしようと入口ドアを見たが、誰も出入りしていなかった。

「センサーが壊れてるんだな。取り替えてもらわないと」

言い訳のように呟いた教室長の声が震えていた。

それだけではなかった。

バイトの二日目には、トイレの前を通り過ぎた時、洗面所の蛇口が開く音がしたので、誰かが使ってるのかな、と見てみたら、誰もいなかった、ということもあった。

そんなことを思い出していたら、気味が悪くなってしまった。


友子さんが十九時から教えることになったのは、美緒《みお》という名の小学校五年生の女の子だった。

土曜日の十九時から六十分間、第二ルームで一対一で教えることになっていた。

授業予定表を見ると、その時間帯は他に講師や生徒は入っておらず、二人きりで授業をするようだった。

美緒は、授業開始五分前にやってきた。

茶色いパーカーとブルージーンズを着て、肩の上でつややかな黒髪を切りそろえた、真面目そうな少女だった。

前回の授業で別の講師から出されていた宿題を、美緒はちゃんとやってきていた。

授業開始後もテレビドラマやタレントの話題をしたがる生徒が多い中、美緒はすぐにテキストを開き、わからないところがあるんです、と友子さんに質問をしてきた。

ちゃんとしてる子だな、と友子さんは思った。

授業開始から三十分が過ぎた頃、ノートに計算式を書いていた美緒の手が、ぴたりと止まった。

すっかり暗くなった窓の外に目を向けて、美緒は固まっている。

「美緒ちゃん、どうしたの？」

友子さんが尋ねたが、美緒は応えず、窓の上の方を見ていた。

月でも見えるのかな、と思って友子さんは外を覗いてみたが、曇っているせいか、月も星も見えない。

美緒はペンを置いて、にっこりと笑い、右手を上げ、小さく手を振った。

なにしてるんだろう、と友子さんは思った。

ここは二階だ。窓の外には、人が足をかける所などない。脚立でも立てない限り、窓の外に人などいるはずがなかった。近くに高い建物もない。

幼い子供は、不思議なものを見た、と主張することで、周りの大人の気を引こうとする時がある、という話を友子さんは思い出した。

「美緒ちゃん、ひょっとして今、窓の外に何か視えちゃってる、とか？」

友子さんは冗談っぽく訊いてみた。

「先生は、そういうの、視えないし、信じない人でしょ。だったらいいよ。別に、怖がらなくてもだいじょうぶなものだから」

「美緒ちゃんの言うことだったら、信用するよ」

「そこの窓で、女の子が這ってる、って言っても?」

美緒の顔は真剣だった。

「あの子、私と同じくらいの歳の子だと思う。昔の赤い着物みたいなのを着てて、裸足と両手で窓に吸盤みたいに張り付いてるの。あ、今、窓に横向きでハイハイみたいに移動してる」

教室長が言っていた「変なこと」とは、このことか、と友子さんは思った。

ここは、笑ったりせずに、彼女の話に合わせてみよう。

「今は、斜めになってる。いっつも、私が手を振ってさよならをするまで、ずっとあそこでこっちを見てるの。私と同じ、肩までの長さの髪。でも、顔の半分はないの」

「そっか。美緒ちゃんにはそう視えるんだね。その子にさよならをしたんだったら、勉強の続きをやろっか」

友子さんがそう言うと、美緒は素直にうなずいた。

それからおよそ五分後、窓が、コツン、と鳴った。

虫がぶつかったのかな、と友子さんは思って、窓の外をちらりと見た。

一瞬、小さな子供の白い足指が見えたような気がして、寒気を覚えた。


バイト開始から二ヶ月が経ち、業務に慣れてきた頃、友子さんは教室長から、「教室退出手続き」を頼まれた。

その日は土曜日で、教室で最後に行われるのは、友子さんが担当する「十九時からの六十分間」の美緒の授業だった。

風邪が流行《はや》っているせいか、塾を休む生徒が多い日だった。

教室長は近隣の他の教室長との会合があり、十九時半には教室から出たいらしい。

友子さんは教室の鍵を渡され、最後に戸締りする時の詳細の説明を受けた。

まず、教室内に、自分以外に誰もいないことを確認する。

第一ルームと第二ルームのブースに点いたデスクライトの消し忘れはないか。洗面所の蛇口を締め忘れてないか。全ての部屋の照明を消しているか。全ての部屋のエアコンの電源が切れているか。

それら全てをチェックする必要があるという。

教室内で電気が少しでも点けっぱなしになっていると、ビルの管理会社からうるさいことを言われるので、かならず消灯は確認してね、と教室長から念を押された。

教室の鍵を閉めて外に出た後も、ドア前のシャッターを下ろさなければならなかった。

「ゴミ箱の処理やカーペットの掃除は、次の日にこっちでやるからさ」

そう言って、教室長は友子さんに押し付けがましい笑顔を見せた。

友子さんは教室長にばれないように溜め息をついた。

十九時からの最後の授業で受け持つのは、よりによって、あの美緒だ。

授業中、あの子が不気味な話をしても、退出手続き中はそれを思い出さないように、別のことを考えよう、と友子さんは決めた。

十九時からの第二ルームでの授業中。

美緒が途中で窓の外をちらちらと見だした。

厭だなあ、今日は一人で教室を退出しないといけないのに。

そう思いながらも、どうしたの、と美緒に訊いてみた。

「先生は怖がりそうだから言わない、心配しないでも大丈夫だよ」

美緒はそう返答した。

友子さんは、窓の外を見ないようにして、指導を続けた。

授業時間が終わった。

美緒が教室から出ていく時、友子さんに言った。

「先生、視えないのなら、反応しちゃ駄目よ。何が聞こえても」

ドアが閉まり、人感センサーのチャイムが、一人きりの教室に無機質に響いた。

友子さんは二階の窓から、美緒が自転車に乗るのを引きつった笑顔で見送ると、足早にトイレを見に行った。

トイレの洗面所の蛇口が開いていた。

「もう、誰よ、開けっ放しにした奴は」

友子さんは苛立たしげに呟きながら、蛇口をぐっと閉めた。

無理にでも怒ったふりをして、怖いという気持ちを追い出したかったのだ。

念のため、トイレの電気を点け、中に誰もいないことを確認して、電気を消す。

第一ルームのブースを素早く見回し、デスクライトが全て消されていることを確認する。

次に、さっきまで自分と美緒がいた第二ルームを見回す。

なぜか、焚き火の煙のようなにおいが漂ってきた。近くで火事でも起きているのか。

なるべく窓の外は見ないようにした。視界の端で、外の闇の奥で街灯が頼りない光を投げかけている。

全てのブースの机をざっと見て、デスクライトが消えているのを確かめた。

第二ルームを出ようとした時。

……サアアアアアア……。

洗面所の方から、水音が聞こえてきた。

そんなはずはない。さっき、蛇口を閉めたばかりなのに。

もうやだ。早く施錠して帰りたい。放っておこう。

友子さんは第二ルームの明かりを消そうと、電気のスイッチに手を伸ばした。

コツン。

窓を指で叩く音が聞こえて、友子さんは音の方を反射的に見てしまった。

やばい見ちゃった、と思ったが、その時は窓の外には何も見えなかった。

第二ルームの電気を、震える指先で消した。

部屋が暗くなる。

同じく暗いはずの窓の外の一部が、ふっと明るくなり、真っ赤な着物の袖が見えたような気がした。

友子さんは息を呑んだ。

慌てて目を背けて、塾の入口ドアに急ぐ。

――古い着物みたいなのを着てて、窓に横向きに貼り付いて、ハイハイみたいに移動してるの。

美緒の言葉を思い出し、体がこわばった。

キュ。

洗面所の方から、蛇口が締まる音が聞こえて、友子さんは小さく悲鳴を上げた。

壁に貼り付いたエアコンのリモコンボタンを確認しそびれたが、もう余裕はなかった。

パンプスをつっかけて外に出る。

教室の外に出て、ドアの鍵を閉め、ドア前のシャッターを下ろして、ビルの外に出た。

ペタ、ペタ、ペタ、ペタ、と頭上から音がする。

思わず見上げると、小さな人影がビルの二階の窓を這っていた。

真っ赤な着物の少女だった。

二階の窓の端にまで来ると、友子さんに真っ白い右腕を伸ばしてきた。黒い髪が重力に従ってだらりと下がっている。

顔の右半分は、端正な顔立ちをしている。

だが左半分は焼け爛《ただ》れ、夜の闇に溶けていた。

顔の半分はないの。美緒がそう言っていたことを思い出した。

友子さんは悲鳴を上げ、走り去った。

塾の入っているビルの二階には、以前、ヘアサロンが入っていた。その前は洋品店だったらしい。

ビルは清潔で、管理が行き届いており、駅から徒歩で約十五分と立地も良いのに、なぜか二階だけは借り手が一年以内に替わっているという。

後日、地元の民俗学を調べているという塾バイトの同僚から、友子さんは話を聞いた。

ビルの建っている土地には、江戸時代、遊女屋があった。

だがその遊女屋は、江戸中期に火事で焼け落ちてしまったという。

それを聞いて、友子さんは、第二ルームの電気を消す前に煙のにおいを嗅いだことを思い出した。

遊女屋には、禿《かむろ》と呼ばれる十歳前後の少女たちがいた。貧しい農家などから売られてきて、遊女たちの身の回りの世話をしていたという。

禿の少女の髪型は、肩の上で切りそろえられていたらしい。

それは、美緒が言っていた通りの髪型だった。

他の塾講師も、時々、第二ルームの中で、何かが燃えたようなにおいを嗅いだことがあるという。

美緒いわく、「赤い着物の子」は遊び友達を探して、塾の窓の外を這っている。

人の出入りがないのに人感センサーのチャイムが反応するのも、洗面所の蛇口が勝手に開閉するのも、窓がコツンと叩かれる音も、その子のいたずらなのだという。

濡れた店

「あれ、この箸、なんか濡れてるんだけど」

慎平《しんぺい》さんは、紙製の箸袋に入っていた割り箸を手にしながらそう言った。

箸袋は乾いているのに、中の箸の先だけが濡れて、暗い色になっている。

「ああ、ごめんごめん。この店、川の近くにあるから濡れちゃうんだろうね」

バーを経営している友人の清《きよし》はそう答えた。

「でも、箸袋は濡れてなかったんだぜ」

乾いたままの箸袋をひらひらさせたが、清は無反応だった。

川の近くにあるから、箸だけが濡れる？

変な理由付けだな、と慎平さんは思った。

清は、見たくないものを見ないようにしているのかもしれない。

慎平さんと清は、同じ町に生まれ育った幼なじみだった。

小学校から高校まで、地元にある同じ公立学校に通っていた。

清は、弁護士を目指すと言って東京の有名私立大学に進んだ。

しかし、法律の勉強を断念し、大学を中退して故郷に帰ってきた。

そして、去年までレストランが入っていた建物を改装してバーを開いた。

建物の所有者は清の親戚で、かなりいい条件で借りることができたという。

清は大学時代にバーでバイトをしており、食品衛生責任者資格を取得したあとに、すっかり授業に出なくなっていた大学を中退したという。

弁護士になるより、自分の店を持ちたくなったらしい。

慎平さんは実家から大学に通い、卒業後は地元で有名な企業に就職していた。

清から「バーを始めたから今度来てよ」というメールをもらったので、土曜の夕方、一人で来ていたのだった。

バーの店内は、慎平さんが想像していたよりも小綺麗で、洒落ていた。

清が流している緩やかなジャズの音色もよく似合う。

だが、なんとなく、異様な雰囲気が漂っていた。

埃っぽいわけでも、換気が悪いわけでもない。

だが、呼吸をするたびに肺が重くなり、気管に何かがへばりつくような気がするのだ。

「清、親戚の人から、この建物のこと、詳しく訊いた？」

「ああ、建築図面とかの資料はもらったけど。土地の権利関係のこととかは、まだ詳しく訊いてない」

「前にここに入っていた店の人は知ってる？」

「去年入ってたレストランのオーナーとは、一度呑んだよ。もっと立地の良い物件が見つかったから移りました、って言ってたけど」

本当にそうかな、と慎平さんはいぶかった。

そのレストランのオーナーが店を変えた理由は、立地の有利さだけだったのだろうか。

レストランが開業していたのは、清が東京に行っている間だった。

レストランの前にここに入っていた、電器屋や家具屋のことも、清は知らないのだろう。

祖父から聞いた、この場所にまつわる噂話を伝えるべきだろうか、と慎平さんは迷った。

家具屋ができる前、川を見下ろすこの丘陵には草が茂っていた。

その川は明治初期に治水工事が行われるまで、暴れ川として有名だった。大雨が降るごとに氾濫し、人を呑み込んでいたという。

また、丘陵にぽつんと桜の木が一本植えられていて、その近くには地蔵菩薩像を収める古い祠があった。

明治初頭まで、そこは処刑場があった場所でもあった。

斬られた首は、地面に埋められたり、川に捨てられたりした。

この近所では夜中に通ると首のない罪人がうろついている、という噂もあったらしい。

そんなさまよう魂を鎮《しず》めるために、地蔵が安置されていた。だが、そこに祀られていた地蔵の祠は、数年前になくなっていた。

祠をどこかに移し、ここに店舗用の建物を建てたのは、清の親戚なのだろう。

慎平さんの祖父によれば、この場所に入る店舗は、「濡れた店」として有名だった。

かつて祖父が、その場所にあった電器屋の主人に、買ったばかりの新品のドライヤーが故障してたぞ、と苦情を伝えたことがあった。

店の主人がメーカーに問い合わせて、ドライヤーを送ってみたら、水没で故障していたとわかった。

商品運送担当者に抗議したが、運送中に商品を水没させるはずがありません、と頑なに否定されたという。

電器屋の前に入っていた家具店でも、妙なことがあった。

売られた新品の箪笥の中に、湿ってカビだらけになった古い着物と、人のものと思われる骨が見つかり、客が怒鳴り込んできたという。

家具屋が潰れて、次の店が入るまでの間に、夜に空き物件の窓からなぜか明かりが漏れているのを、慎平さんの複数の知り合いが見ていた。

肝試しで空き物件に入った高校生たちが、首のないずぶ濡れの浴衣姿の男に追いかけられた。そんな噂も慎平さんは聞いていた。

清が知らないなら、知らないままでいいか。

店内にかかっていたジャズが、突然止まった。

「あれ、おかしいなあ。新品のスピーカーを買ったんだけど、時々、調子悪いんだよねえ」

清がカウンターの奥に引っ込む。スピーカー周りを見に行ったようだ。

慎平さんは、後ろから人の気配を感じて、振り返った。

薄暗いバーの隅に、誰かがいる。

俺以外、いなかったはずなのに。

藍染め地の着物を着た小柄な女が、そろ、そろ、と近づいてきた。

女の長い髪はびっしょり濡れていた。

外は雨でも降り出したのだろうか、と慎平さんは思ったが、雨音など聞こえない。

清がバーカウンターに戻ってきて、皿を洗い始めた。

「清、お客さんが来たよ」

「そうなんだよ。この時間帯はなかなか客が来なくってさ。だから、お前が来てくれてよかったよ」

清はまたちぐはぐな返答をしてきた。顔を上げて、慎平さんの方を見たのに、その後ろに近づいている女に清は何の反応も見せなかった。

女はゆっくりとした動作で慎平さんのすぐ左隣に座った。

他の席は空いている。逆ナンパでも仕掛けてくるつもりなのか。

そう思いながら慎平さんは女の顔を見た。

肌は真っ白で、切れ長の目には感情が読み取れない。薄い唇を震わせている。

女からは、腐った魚のようなにおいがした。

「……どこ、……なわどこ、だんなはどこ……」

女はそう呟いていた。その姿は、清には見えていないようだった。

「清、悪い、今日はちょっと帰るわ」

「え、そっか。残念だな。次は、誰か連れてきてくれよ」

慎平さんはビールと焼酎の代金をテーブルに置いた。

今日はお代はいいよ、と清は言ったが、慎平さんは女から早く離れたくて、逃げるように店を出た。

その後、慎平さんは、その濡れた着物の女の姿を夢の中で見るようになってしまった。


そのおよそ半年後。

清は、バーの裏手にあった川で倒れているのを近隣住民に発見された。

二ヶ月の入院の後、清はバーを閉めた。

「あの店、食べ物がやけに腐りやすかったんだよね。物がやけに濡れやすいし。場所が悪いって噂は、ほんとだったのかなあ」

入院中に見舞いにいった慎平さんに、清は嘆くように言った。

清がバーを閉めてからは、慎平さんは夢の中で濡れた着物の女を見ることはなくなった。

腹減った

香川《かがわ》さんは自動車部品工場の事務所で一人、残業をしていた。

十二月に入り、寒さが厳しくなった頃だった。

前任者から任された会計業務を処理するのに手こずり、気づけば時刻は二十三時を回っていた。こんなに遅くまで残るのは初めてだった。

その作業は明日の朝でもいいぞ、と事務所の所長からは言われている。

だが香川さんは、前倒しで作業を進めたかった。

所長が置いていってくれた缶コーヒーを飲んだが、眠気は取れない。

事務所の前の道路には、人も車もほとんど通っていなかった。

「ああ、腹減ったなあ」

香川さんは腹をさすりながら呟いた。

一区切りついたらコンビニに夕飯を買いに行く、と決めていたが、なかなかその区切りがつかなかった。

眠い目をこすり、両腕を思いきり上に伸ばしてから、手元の書類の束に目をやった時。

右肘に何かが当たった。

すぐ横に、小柄で痩せた老婆が立っていた。長い白髪が顔にかかって表情は見えない。

うわ、と悲鳴を漏らし、香川さんは椅子ごと床に倒れてしまった。

老婆はぶるぶる震える右手で、細長くて黒い塊《かたまり》を香川さんに差し出した。腐敗した肉のにおいがする。

老婆の左腕は、肘から先がなかった。その足下には、血まみれの刀が落ちている。

黒い塊は、老婆が自ら切り落とした、ずぶずぶに腐り果てた腕のようだった。

……え。うえ。食え。

老婆が低い声で言いながら、切った腕を香川さんの鼻先に近づけてきた。

香川さんは必死で床を這って、事務所を出た。

外の冷気の中、呼吸を整えていると、気持ちが落ち着いてきた。

さっきのは何だったんだろう。疲れが溜まっていたせいで、おかしなものを見てしまったただけかな。

意を決して、香川さんは事務所に戻った。

無人の明るい事務所を見渡したが、老婆などいなかった。

それでも、仕事をする気にはなれなかった。

残りの作業は、明朝に早く来てやればいいや。そう思い直し、香川さんは机の周りを整理し、事務所を施錠して自宅に戻った。

翌日。

香川さんは早朝に出勤して昨日の残務を処理した。昼の休憩中、昨日の不思議な体験を同僚に話してみた。

気味悪いことというなよなあ、と同僚は呆れていた。

「ああ、君も視てしまったか」

後ろから、事務所長が話しかけてきた。

「実は、君の席はちょうど、昔、地蔵が置かれていた所なんだよ。飢饉《ききん》で亡くなった人の慰霊のための地蔵だったそうだ。もちろん、ちゃんとした手続きをして地蔵を移したんだけどね。時々、君みたいな体験をする人がいるんだよ」

それ以降、香川さんはできるだけ、夜中に事務所で一人きりにならないようにしている。

分身

中学二年の秋のこと。

春香《はるか》さんはクラスの友人の信子《のぶこ》に声をかけられ、いつものように一緒に下校した。

「たまには気分転換で別の道を通ってみようよ」

信子がそう提案してきた。

その日は二人とも学校の朝の小テストがうまくいって、おしゃべりも弾んだ。春香さんもいつもと違うことをしたい気分だったので、信子の提案に賛同した。

柳の木が並んだ、川沿いの人気《ひとけ》のない遊歩道に入る。しばらく歩くと、道ばたに小さな地蔵があった。

「あ、身代わり地蔵だ」

信子はそう言うと地蔵の方に駆け寄り、苔《こけ》の生えた地蔵の頭を右手で撫でた。

「何してるの？」

春香さんが訊くと、信子はニタニタしながら春香さんに近づいてきて、右手で春香さんの頬《ほお》を平手で叩き始めた。

遊び半分かと思い、やめてよ、と春香さんは笑ったが、信子の叩く力はだんだん強くなってくる。

「痛っ、痛いよ、なにすんのよ」

春香さんは信子に抗議したが、信子は謝りもせずキシシシシと奇妙な笑い声を発して、一人で走り去ってしまった。

今日、信子、なんだか変だな。

春香さんは首をひねりながら、夕暮れの迫る中、家路を急いだ。

信子はインターネットで都市伝説を調べるのが好きな子だった。

さっきの地蔵撫でと平手打ちは、何かのおまじないだったのかな。

帰宅後、春香さんはネットで都市伝説を調べてみた。

だが、「地蔵の頭を撫でたあとに誰かを叩くこと」に関連するおまじないなど、一つも見つからなかった。

翌日、信子は学校を休んだ。

高熱のため欠席、と担任は言った。

昨日の帰りまでは元気そうだったのにな、と春香さんは不思議に思った。

先生から信子用のプリントを託されて、春香さんは信子の家に向かった。

インターホンを押すと、信子の母親が玄関ドアから出てきて、春香さんに笑顔を見せ、手招きしてくれた。

「わざわざありがとうね。春香ちゃんの方は、体調大丈夫？　昨日、授業中にお喋りしていた時に風邪をうつしちゃったかもしれない、って、あの子が車の中で言ってたから」

車の中って何のことだろう。地蔵の前から走り去った後、お母さんの車に乗せてもらったのかな。春香さんは玄関先でそう思いながら、明るい笑顔を作った。

「いえ、私の方はだいじょうぶです」

それよりも、地蔵を撫でた後の変な行動の方を謝って欲しいんだけどな、と春香さんは思った。

「ごめんね春香、わざわざ来てくれて」

ピンクのパジャマを着た信子が、そう言いながら玄関横の階段を降りてきた。

手すりに体重を預けるようにして、ふらふらとした足取りで玄関先に近づいてくる。

「高熱なら寝てなよ、信子」

春香さんがそう言うと、信子の母親が不思議そうな顔をして、周りを見た。

「信子なら、二階で寝てますけど」

「いえ、お母さんのすぐ後ろに立ってますよ」

「え?……いないじゃない。あの子、薬を飲んだばかりだから、ぐっすり寝てるはずよ」

信子の母親がそう言った直後、母親のすぐ後ろにいた信子の姿が霧のように消えた。

「ご、ごめんなさい。間違えました」

春香さんは信子の母に向かってごまかすように笑った。

私の見間違い、聞き間違いだったのかな。もしかしたら、自分にも熱があるのかもしれない。だから、ありもしないものを視てしまったのか。

春香さんは帰宅した後に体温を測ってみたが、普段通りの平熱で、体調が悪くなることもなかった。

その五日後。

体調が回復した信子が登校してきた。

春香さんは、信子との再会を喜んだ後、あの地蔵の頭を撫でた行動の意味を聞き出そうとした。

「え、地蔵？　何のこと？　私、その日の午後は体調が悪くって、お母さんに電話して、校門の近くまで車で迎えに来てもらったんだよ」

「いやいや、一緒に帰ったじゃん。気分転換したいから別の道で帰ろうって、あんたが言ったんだよ。身代わり地蔵を見つけて、駆け寄って、地蔵を撫でて、私の頬をすごい力で叩いてきたじゃない」

「私、そんなこと言ってないし、してないよ。お地蔵さんのことなんか、知らない」

覚えてないだけでしょ。

春香さんはそう言いかけたが、信子の母親の言葉を思い出した。

車の中で、春香に風邪をうつしてしまったかもしれない、と信子が心配していた――。

信子は本当に、校門の前で待つ母親の車で帰っていたのではないか。

だとしたら、あの時、一緒に川沿いの遊歩道を歩いたのは、誰だったのか。

信子の母親の後ろで消えた信子の姿は、自分が見た幻覚ではなく、信子の姿をした別の誰かだったのか。

その後も、春香さんは信子のいないはずの場所で、信子の姿を何度か見かけた。

大学に入学した直後、信子は交通事故で亡くなった。

その事故から十年後。
今でも春香さんは、中学二年生の制服姿のままの信子を時々見かけるという。

夜間踏切警備

佐伯《さえき》さんは警備員のアルバイト中、奇妙なものに出くわしたという。

その日、警備事務所から指示されたのは、午前零時から午前五時前までの勤務だった。五時間で九千円もらえる、とあって、佐伯さんは喜んでいた。

勤務場所は、ある駅の北側にある踏切前。

鉄道会社が終電通過後の線路を使い、新人の運転トレーニングをする。そのため、その間に踏切内に第三者が立ち入らないように対応することが業務だった。

普段は電車が通らない時間帯だから、知らずに通行人が踏切内に入ろうとしてしまう可能性がある。

もし泥酔者などが踏切内に入ってしまった場合は、警備員が緊急ボタンを押して列車を止めなければならなかった。

場合によっては、力ずくで泥酔者の侵入を止めることになる。

佐伯さんが配置されたのは、人通りも車通りも乏しい場所だった。だからといって、踏切を閉めっぱなしにするわけにもいかないらしい。

佐伯さんは、午前零時の十五分前に配置場所に着いた。

警備員の制服に着替えて、警備事務所に電話で現場着任を報告する。

近くにある街灯のおかげで、踏切前はぼんやりと明るい。

普通、夜間勤務の時は、腰のホルダーにある誘導灯を点けることになっている。

だがその踏切前の現場では、誘導灯は決して点灯させるな、と事務所から指示された。

トレーニング中の新人が、電車向けのサイン用赤ランプと誘導灯の明かりを混同してしまう可能性があるためだった。

暗い夜道で誘導灯が使えないってなると、踏切内に向かって車輌が近づいて来た時、なかなか止めづらいなあ。

そんなことを思いながら、佐伯さんは人や車の接近する気配がないか、気を引き締めて確認していた。

だが、二十四時半頃になると、あくびを噛み殺すようになった。

人も車もほとんど通らないのである。

踏切周辺には、深夜営業している店などはなかった。

遠くにぽつんと、コンビニの明かりが見えるだけだ。
車のエンジン音が近づいてくる場合でも、反対側、駅の南側を通り過ぎていく。
どうやら近隣住民は、夜中にこのあたりを通る時、道幅の広い南側を通るらしかった。
午前一時過ぎ、はじめて踏切警報機がカンカンカンと鳴った。
佐伯さんは目をこすって、周囲を確認した。緊急ボタンの位置も確認する。
踏切に近づいてくる人や車はない。
ゆっくりとしたスピードで、新人が運転する電車が踏切部分を通過していった。
若い運転手に向けて、佐伯さんは右手で敬礼をした。
電車を見送って、佐伯さんはほっと息をついた。
あと四時間で、九千円が手に入る。
佐伯さんは足踏みして、小さく鼻歌を歌いながら、眠気を追い払おうとした。
だが、いつのまにか、うつらうつらしてきた。
眠気に意識が奪われかけた時。
後ろから人の声が聞こえてきて、佐伯さんはびくりとした。
子供二人が話しているような声だった。足音もゆっくりとこちらに近づいてくる。

佐伯さんは振り返った。

遠くに見えているコンビニの向こうに、内側のランプの点いた赤提灯《ちょうちん》が見えた。

提灯に太い黒字で店の名前が書き込まれている。居酒屋かなにかのようだ。

あんなもの、さっき見た時にあったたっけな。佐伯さんは首をかしげた。

子供二人は、その赤提灯のかかった居酒屋から出てきたようだった。

携帯電話で時刻を確認すると、午前二時過ぎだった。

夜中に親に付き合わされていた子供たちが、先に店から出てきてしまったのか。

子供二人が明るい声で語り合いながら、踏切の方に近づいてきた。

佐伯さんは赤提灯のある方を見たが、二人の保護者らしき人影はまだ出てきていない。

子供二人は、小学校低学年くらいの男の子と、幼稚園くらいの女の子だった。

手をつないで、仲良さそうに笑顔を交わしている。

顔が似ていた。兄妹なのだろう。

二人はほぼ同時に佐伯さんを見た。すっと笑顔を引っ込め、まっすぐ駆け寄ってくる。

踏切を走り抜けるのか、と思いきや、兄妹は佐伯さんの立っている場所めがけて突っ込んできた。

「おじさん、私のこと見たでしょ」

妹の方がぷっくりと頬を膨らませた。

佐伯さんはしゃがみ込んで、兄の方を向いた。

「二人とも、ここでちょっと待ってた方がいいよ。お父さんかな、お母さんかな、お店の中にまだいるんだろ。ここでじっとしてないと、迷子になったと思って、探しちゃうよ」

「妹を見てたな。へんたい。へんたいおやじ。おかえしだ」

兄が、しゃがみ込んでいた佐伯さんの鼻を右拳で殴ってきた。

佐伯さんはよろめいて、地面に手をついた。

兄は、妹に向けられた佐伯さんの視線に、何か厭なものを感じとったのだろうか。

佐伯さんは立ち上がりながら、兄の方に苦笑いを向けた。

「ごめんごめん、おじさんの負けだよ、まいった、まいった」

「おかえしだ、おかえしだ、おかえしだ」

兄は両手で佐伯さんの腹を何度も殴ってきた。子供とは思えない力だった。

佐伯さんはふらつきながら、踏切内へと押されていく。

「やめなさい。やめろったら」

佐伯さんは怒気を込めて、兄に言った。だが、兄の手は止まらない。

カンカンカンカン……。

踏切警報機が鳴った。

駅の方を見た。電車の前照灯《ぜんしょうとう》が近づいてくる。

「やめろってって言ってんだろ！」

佐伯さんは怒鳴って、兄の方に手を突き出した。

だが、そこには何もなかった。

佐伯さんは慌てて踏切から抜け出した。

配置場所に戻り、息を整えながら、電車が通過するのを見送る。

眠気はすっかり覚めていた。冷や汗を拭いながら、佐伯さんは素早く周囲を見渡したが、さっきの二人はどこにもいなかった。

勤務終了時間である午前五時過ぎ、佐伯さんは警備事務所に電話をかけた。

勤務中、何か変わったことはなかったか、と事務所の内勤者から訊かれた。

佐伯さんは、何もありませんでした、と内勤者に返答した。夜中に出会った不思議な子供のことは話さなかった。変なことを言う奴だと思われたくなかったからだ。

帰宅するために、駅で始発電車を待った。

ホームから、コンビニの向こう、赤提灯のあった方を見てみた。

コンビニは見えたが、その向こうには赤提灯などなかった。コンビニの二つ隣に、屋根が崩れかかった、古びた小さな家があった。居酒屋を営めるような状態には見えない家だった。

あの時はたしかに、赤提灯の内側にランプが灯っているのが見えたはずだが。あれは何だったのか。

帰宅した佐伯さんは、勤務場所だった地名をネット上で調べてみた。

すると、十年前、あの近くで、通過中の急行列車の事故があったことがわかった。

だが、犠牲になった子どもは、四歳の女の子、一人だけだった。

「もしその女の子が、踏切に近づいてきたあの〝妹〟だったとして、一緒にいた少年は、何だったんでしょうね」

佐伯さんは不思議がる。

死んだ女でもいいから

大学生の時、大川《おおかわ》さんは近所のこぢんまりとした居酒屋で、夜遅くまで友人の佐藤から愚痴を聞かされていた。

「ああもう、なんでこんなにフラれ続けなきゃいけねえんだよ」

佐藤は語学クラスで知り合った女子大生に告白し、フラれたらしい。

フラれた、と佐藤から報告されたのは、これで四回目だった。

「ああ、もう、どんな女でもいいから出会いたい」

そう言って佐藤は焼酎の水割りを飲み干した。

「そう言えば、すぐそこの公園で、女に出会えるらしいぜ」

その居酒屋の近くには、大きな池のある公園があった。

「公園で女？　商売っ気があるのは嫌だよ。素人の子と会いたいんだよ」

「いやいや、素人で、美人らしいぞ」

大川さんは面白がって、公園にまつわるとある噂を佐藤に話した。

その公園には管理事務所があり、事務所と契約した警備員が毎日、夜間に自転車で公園内を巡回している。

住民向けには、公園内での犯罪防止のための巡回、と説明されていた。

だが実は、公園内に五か所ほどあるトイレで自殺しようとする人を止めるための巡回だ、という噂もあった。

数年前には、若い小柄な女が首を吊ったらしかった。ドアノブにロープをくくり付けて首を引っかけた、あるいは、個室の扉の上枠にロープを引っかけた、と言われていた。

公園の一番南側にある男子トイレの個室に、その女の幽霊が出るという。

どんな女でもいいんだろ、と腹で笑いながら、大川さんは佐藤にその女について語った。

「午前零時ぴったりに行くと会えるらしいよ。髪が長くて、白い着物を着てるらしい」

「おお、それ、いいじゃねえか。美人なんだろ。だったら死んでる女でもいいや。時間もちょうどいい。行こ行こ」

大川さんは佐藤に引っ張られながら、会計を済ませて、店を出た。

「で、どこのトイレだっけ。案内してくれよ。大川、お前は彼女いるんだから、出会えたら、俺に譲ってくれよな」

佐藤の目はアルコールのせいで充血していた。

酒臭い息をまき散らし、おぼつかない足取りで大川さんについてくる。

「おい佐藤、しっかりしろよ。出会ったら、ちゃんと口説かなきゃいけないんだぞ」

大川さんが茶化したように言う。

広い公園のあちこちに外灯が明るく灯っていた。

風が吹くたびに、園内の枝葉がざわざわと音を立てる。

二人は一番南側にあるトイレを目指した。

大川さんは酔っ払った佐藤のことを気遣いながら、目的のトイレに近づいていった。

後ろから、ぎい、ぎい、ぎい、という音が聞こえてきた。

振り返ると、青い制服を着た巡回中の警備員が、ダイナモライトを付けた自転車を漕いでいた。

「こんばんは。そちらの方、大丈夫ですか」

中年の警備員は苦笑いを浮かべながら、酔っ払った佐藤の方を気遣っていた。

巡回中、気になる人間を見かけたら、声をかける、ということになっているのだろう。

「大丈夫です、つきそいますので。ごくろうさま」

大川さんがそう言うと、警備員は軽く頭を下げ、自転車で走り去った。

佐藤が舌打ちした。

「余計なことしてんなよなあ。俺はよお、何としてもあの子に会いてえんだよ。巡回なんてやってたら、彼女、びびって消えちゃうかもしれねえだろ」

まあまあそう言うなって、となだめながら、大川さんと佐藤は、公園の一番南側にあるトイレの前に着いた。

「おう、ここか。ちょっと見てくるわ。お前はここで待っててくれればいいから。警備員どもが余計な邪魔をしないように、見張っててくれ」

佐藤はそんなことを言って、よろよろと歩きながら、コンクリートの外壁に囲われているトイレに入っていった。

近くの街灯の明かりが、トイレの出入り口も照らしている。

空には、満月に近い綺麗な月があった。

さっきまで吹いていた風が、ぴたりと止んでいた。

あー、早く出てこいよ、佐藤。

そう呟いた直後、ジーパンの右ポケットのスマホが震えた。

メールでも来たのだろうか、と右手でスマホを取り出したが、何の着信も通知もなかった。錯覚だったのだろうか。

時刻は午前零時を少し過ぎていた。

ちょっと来るのが遅かったか。

一人でトイレに入った佐藤は、大丈夫だろうか。

個室を見て回るだけなら、もう出てきてもいいはずだ。

酔いが回って、トイレの中で倒れているかもしれない。

大川さんは急に心配になって、トイレの中に入ろうとした。

「……どこ」

後ろから、女の声がした。

大川さんはぎょっとして、周りを見渡した。

誰もいない。

大川さんは近くの外灯にふっと目をやった。

外灯の丸い灯具のすぐ下に、赤い何かがある。

明かりのせいか、ぼんやりと見えただけだった。明暗の落差に目を慣らすため、何度かまばたきをした。

赤い物は、逆向きになったパンプスだった。

外灯の柱の出っ張りにでも引っかかっているのかな、と思った直後、ハッと驚いた。

パンプスの下に、細く白い足首とくるぶしの隆起が見えた。

うわっ、と声を出した直後、パンプスと足首は消えた。

なんだ、ただの錯覚かよ、ビビっちまったぜ、と大川さんは舌打ちした。

トイレから足音が聞こえてきた。

佐藤がヨロヨロと歩いてくる。残念そうな顔だった。

「女なんて、いねえじゃねえか。ちくしょう。お前、嘘をついて俺をここまで連れてきたんじゃねえだろうな。俺に女がずっといないからって、からかってんのか」

佐藤が言うには、トイレの三つの個室の中には、掃除された直後とおぼしき綺麗な便器があっただけだったという。

大川さんは「まあ落ち着けよ、そのうちいいことあるって」と佐藤をなだめて、佐藤の家の方に向かった。

途中で、ポケットのスマホがまた震えた。

「あー彼女からだろ。お前と彼女との会話を聞いたら、気分が悪くて盛大に吐いちまう。お前の家、向こうだろ。もういいよ、俺は一人で帰れるから」

佐藤はそう言うと、ふらふらと自分の家の方に歩いていってしまった。

その後ろ姿を見送ってから、大川さんはスマホを取り出した。恋人の美紗子からの電話だった。

「ねえ、どういうつもりなの！」

美紗子は怒っていた。なにか約束でもすっぽかしてしまったか、と思ったが、思い当たることはなかった。

「どうしたんだよ？」

「さっきのあのビデオ通話の変な女、何なのよ」

「変な女。なんのこと？」

「顔が真っ白の、口から血のりみたいなの出してた女よ。あなたがやらせたんでしょ。ほんとキモ過ぎ。サプライズだとしても、全然面白くないし。なんなの、私が口が堅いかどうか、試したってわけ？」

「え、なにそれ。どういうこと？」

声を荒げる美沙子をなだめながら、大川さんは彼女の話を聞いた。

彼女が言うには、午前零時過ぎに、大川さんのスマホからビデオ通話がかかってきたらしい。通話ボタンを押すと、画面いっぱいに、上下逆になった不気味な女の顔が映ったという。

「その時間なら、俺は電話なんてしてないよ」

お前も知ってる佐藤と一緒に、公園で肝試しみたいなことをしてたんだよ。そう言おうとしたが、やめた。

大川さんは、つい数分前、スマホが震えたこと、見てみたら着信も通知もなかったことを思い出した。

外灯の灯具の下に見えた逆向きの赤いパンプスと白い足首が脳裏に浮かんだ。

「さっき、口が堅いのか試したのか、って言ったけど、どういう意味？」

「キモ過ぎるから電話を切ろうとしたけど、あの男どこ、って、女が何度も訊いてきたから。警察に通報しますよ、と何回も言って、やっと切れた。あの男って、あなたのことでしょ。てか、どういう意図？」

「いやいや、俺、今日は美紗子にビデオ通話なんてしてないんだよ」

なんなのもう、と憤ると、美紗子は電話を切ってしまった。

大川さんはスマホを操作し、ビデオ通話用アプリの通話履歴を調べてみた。

やはり、このスマホで美紗子に電話などかけていない。

サプライズ、という彼女の言葉が気になった。

サプライズを仕掛けられているのは、俺の方なのではないか。

トイレの個室で美人幽霊に出会えなかった佐藤が、腹立ちまぎれに、美紗子と組んで、不気味な話をでっちあげたのではないか。

大川さんは苦笑いしながら、居酒屋近くに停めた自転車に乗ってアパートに戻った。

不気味なことを見聞きしたせいか、不安が募り、部屋を明るくしたまま布団に入った。

その寝入りばな、大川さんは金縛りにあった。体が動かないのに、感覚は研ぎ澄まされている。

窓など開けていないのに、窓の外で枝葉が風に揺れる音がくっきりと聞こえてくる。

やがて、真夏の路地裏で魚が腐ったようなにおいが漂ってきた。

部屋に、何かヤバいものが来てる。

そう感じて、目蓋を閉じようとしたが、意志とは裏腹に目蓋が開いてしまった。

うわあっ、と大川さんは心の中で叫んだ。

天井から、赤いパンプスを履いた小柄な女が、足首を縛られ、全裸で逆さ吊りになっていた。青緑色の腹がパンパンに膨れている。

長い黒髪のあちこちで、白い小さな物がうごめいていた。

無数のウジだった。眼球を失った眼窩《がんか》や、耳の穴にもウジが這っていた。

薄く開いた唇の間からは、血がタラタラと流れている。

女の口が動いた。

「こ……こどこ……とこどこ……のおとこどこ、あの男どこ」

女の声は、首を絞められながら絞り出しているような声だった。

「あの男どこ……あの男どこ」

女の声を聴きながら、大川さんの脳裏にはなぜか佐藤の顔が浮かんだ。

恐怖から逃げ出したい一心で、大川さんは佐藤の住所を心の中で念じた。

すると、女の姿がすうっと消えて、金縛りが解けた。

翌日はよく晴れていた。

昼、大学の食堂で大川さんは、元気そうな顔の佐藤と出会った。

「いやあ、俺、やっと恋人ができたよ」

佐藤が嬉しそうに言った。

「え、昨日の今日でかよ。やったじゃんお前」

大川さんは佐藤に笑いかけたが、佐藤は大川さんの方に目もくれず、夢見心地な面持ちだった。雨に濡れたはずもないのに、佐藤が背負っていたリュックがなぜかびしょ濡れで、水滴がしたたたっている。

佐藤が右手に持ったオレンジのトレーの上には、細かくちぎられ、ほとんど食べ残されたうどんがあった。

大川さんはふいに、昨日の金縛り中に見たウジの群れを思い出して、ぞっとした。

「恋人？　どこで出会ったんだよ？　ていうか昨日お前、あのトイレの中で、美紗子に連絡したか。変な女からビデオ通話って話、お前が考えたのか。俺をおどかそうとしたのか」

大川さんは訊いたが、佐藤は答えずに、ちぎられたうどんを返却コーナーに返して立ち去った。

その次の日の昼にも、大川さんは佐藤に食堂で会った。

佐藤の顔色は、ひどく悪かった。

「どうした。恋人と喧嘩でもしたか？」

「恋人？　んなもん、しばらくいねえよ」

不機嫌な佐藤が言うには、夜中、佐藤の部屋に、逆さ吊りの女の幽霊が出たという。

佐藤が語るその女の姿は、大川さんが金縛りになりながら見たものとそっくりだった。

すっかり怯えきった佐藤は、授業が終わったら大学の近くの神社にお祓いをしてもらいに行くという。

「そっか……俺も一緒に神社に行くよ」

「来るな。たぶん、お前のせいだ」

それっきり、大川さんは佐藤から無視されるようになってしまった。

その直後に美紗子とも別れてしまったので、彼女が言っていた「午前零時過ぎの不気味なビデオ通話の女」が何だったのか、わからずじまいなのだという。

白い封筒

茂《しげる》さんは一年前、恋人のM子との同棲を始めた。

M子は茂さんよりも二つ年上で、仕事の悩みも愚痴も微笑みながら耳を傾けてくれるような女性だった。

彼女も平日には事務員として働いているのに、おいしい朝食と夕食を毎日作ってくれるし、洗濯や掃除も欠かさず丁寧にやってくれた。

明るくて健康で、よく笑う美人だった。

彼女と結婚できたら、どんなにいいだろうか、と茂さんは思っていた。

ただ一つ、気になることがあった。

「郵便ボックスに私宛の白い封筒が来たら、触れずにそのまま置いておいて。絶対に手に取らないでね」

M子は何度も茂さんにそう頼んできた。

その封筒には、よほど知られたくないものが入っているのか。

「俺、君との将来のこと、真剣に考えてるよ。君についてのことなら、不都合なことも含めて、何でも教えて欲しいんだけど」

茂さんはそう言ったが、M子は微笑んで首を振るだけだった。

「触れちゃいけないんだったら、封筒が裏返しになっていた時、M子宛かどうかわからないじゃないか」

茂さんが言うと、M子は普段見せないような不機嫌な顔になった。

「とにかく、白い封筒が来たら、触らずに置いておいて。私が毎朝確認する。あなた宛のものだったら、その日のうちにあなたに渡すから。お願い」

M子が頭まで下げてきたので、これ以上訊くのはやめよう、と茂さんは思った。

同棲を始めてから二週間後。

肌寒くなったある秋の日、M子が風邪を引いた。

茂さんは朝、彼女のために粥を作った。

彼女の代わりに、玄関に行って郵便ボックスを見た。

ピザ屋のチラシの下に、白い封筒があった。

M子の言葉が頭に浮かんだが、この封筒は自分宛かもしれない、と思って手を伸ばした。

封筒の中には薄くて四角い何かが入っている。ＤＶＤのケースのようだ。

封筒の裏面には、Ｍ子と同じ名字と、女性の名前が書いてある。彼女の母親からのものだろうか。

封筒の表は、きちんとここの住所が書かれていて、宛名はＭ子になっていた。

一体、中に何が入っているのか。

丁寧に開けて、後で糊付けしておけば、気づかれずに済むのではないか。

「あなた、何してるの？」

ビクリとして茂さんは振り返った。

寝ていたはずのＭ子が苦しそうな顔で、右肩を壁に預けながら立っていた。

「白い封筒は私が見るって言ったでしょ」

Ｍ子は茂さんの手から封筒をひったくった。

「それ、君のお母さんから？」

茂さんは訊いたが、Ｍ子は答えずに、自分用の部屋に入ってドアを勢いよく閉めた。

母親から、彼氏に見られたくないようなＤＶＤが送られてくることなど、あるだろうか。

母親の名前を騙《かた》った誰かが、嫌がらせのために送ってきたのか。

彼氏に知られたくないＤＶＤ……。

たとえば、昔、男に騙されて、卑劣な映像を撮影され、それをネタに揺すられているのだろうか。だとしたら、俺に相談してくれたらいいのに。

過去の自分の秘密を知られたら、傷つけてしまう、嫌われてしまう、と心配しているのだろうか。

俺に相談してくれたら、知り合いの弁護士にも協力してもらって、相手を脅迫容疑で訴えることができるかもしれないのに。

三日後、Ｍ子は友達と夕食を食べに出かけるため、帰りが遅くなることになった。

その日の朝、茂さんは仕事で遅くなるとＭ子に嘘をついて、早めに帰宅し、彼女の部屋にそっと入って、白い封筒を探し回った。

クローゼットの中の白いコートのポケットに、白い封筒はあった。

まだ未開封のままだった。

見なくても内容はわかる、ということなのか。

捨てていないのは何故なのだろう。

警察に訴え出るために、脅迫被害の証拠として保存してあるのかもしれない。

茂さんは自分のパソコンでＤＶＤを再生してみた。

男の子の姿が映った。

縁側の庭らしき所で三輪車に乗って笑っている。幼稚園児くらいだろうか。

さらに、野球場で小学校高学年くらいの少年がピッチャーマウンドからボールを投げている所が映った。

顔立ちからして、さっきの男の子が成長した姿のようだ。恵まれた体格で、活発そうに見えた。

何のための映像なのか。そもそもこの少年は、誰なのか。

Ｍ子は二十四歳だ。小学校高学年くらいの子どもがいるとは考えにくかった。

では誰だ。親戚の子どもか。

だが、だとしたら、このＤＶＤと白い封筒のことを自分に知られたくなかった理由がわからない。

夜中、友達との食事を終えてほろ酔い気味で帰宅したＭ子に、茂さんはＤＶＤのことを思いきって訊いてみた。

「君は俺に何を隠しているんだ。一人で何を抱えているんだ。怖いなら、頼って欲しい。どんなことでも、教えてくれ」

茂さんが真剣にそう告げると、M子は怯えたような顔をして、口を開いた。

「あの子は……私が死なせたの」

M子は、自分が十一歳の時のことを話し始めた。

家の近所の坂を自転車で下っていた時。

突然、スケボーに乗っていた少年が飛び出してきた。

M子の自転車に驚き、スケボーの少年はよけようとしてバランスを崩した。

車道で転倒したところに、二トントラックが突っ込んできた。

少年の肉と骨が潰れる音が、M子の耳からしばらく離れなかったという。

M子は罪悪感に悩まされて、全てを母親に告げた。

母親とともに近くの警察署に行き、交通課で事情を説明した。

M子は、法的には追及されなかった。

だが、少年のために供えられた花束に手を合わせていたM子は、ある日、中年女性に後ろから肩をつかまれた。

「あなた、あの子の事故について何か知ってるの？」

M子さんは正直に話した。

途中で、その中年女性が少年の母親だと気づいた。


それから数ヶ月に一度、少年の生前の姿を映した映像が白い封筒でM子の家に送られるようになったという。

M子の父親は、警察に相談した。

すると、封筒はしばらく送られなくなった。

だが、少年の命日になるとまた送られてくるようになった。

M子が社会人になって実家を出た後も、白い封筒は届き続けた。

差出人として、M子の母親の名前が使われるようになった。

これまで二度引っ越したが、相手はM子の引っ越し先を把握し、封筒を送り続けてきていた。

M子は毎日のように少年の姿を夢に見るらしい。

M子の父や母も、ＤＶＤを見た後、少年が出てくる夢にうなされるようになってしまったという。

だからあなたには見て欲しくなかったの、とＭ子は茂さんに言った。

そんな馬鹿なことがあるものか、と思った。

だがそれ以降、茂さんの夢にもＤＶＤの中の少年が現れるようになった。

夢だけではなかった。

仕事で帰りが遅くなった夜。茂さんは帰宅途中の夜道で、ズルズルズルズルという音を聞くようになった。

スケボーが後ろから近づいてくる音だった。

振り返ると、左半分が斜めに潰れた少年の顔が、闇の中を滑るように近づいてくる。

茂さんが驚いてのけぞると、潰れた顔は消えるという。

イマジナリーフレンド

平成初期の頃の話。

当時大学生だった透《とおる》さんは、年末、小学校時代の同級生との同窓会に参加することになった。

透さんは父親の仕事の関係で、六年生に上がる前の春休み中に引っ越していた。

転校してからは、その小学校の同級生たちとはあまり連絡を取らなくなっていたが、特に仲のよかった洋介《ようすけ》という友人から同窓会に誘われたのだった。

同窓会には、引っ越す前までよく遊んでいた洋介と琢磨《たくま》の姿があった。

透さんは二人と同じテーブルに座り、酒を呑みながら思い出話を語り合った。

あの春休み――。

透さんは引っ越し前の思い出作りのために、琢磨と洋介を肝試しに誘った。

肝試しと言っても「いわくつきスポット」で、訪問したのは夜ではなく昼間から夕方までの間だった。夜に行くと不良やヤクザがいる、という噂を琢磨が聞いていたからだった。

夜逃げした一家が捨て去った家、潰れた病院、使われなくなった公園管理事務所。

三人で自転車を飛ばして、近所で噂の「いわくつきスポット」を、親に内緒で回った。

だが、明るいうちに訪れたせいか、三人とも奇怪な出来事には遭わず、「家に連れ帰ってきてしまった霊」などに悩まされることもなかった。

懐かしいなあ、と三人は笑顔を交わした。

「そういえば、エレナちゃんって、やっぱりうちの学校に入ったの?」

透さんがそう切り出すと、琢磨と洋介は顔を見合わせ、不思議そうな顔をした。

「ほら、あのアメリカ人の子役みたいなきれいな女の子だよ。あの子、俺たちと同い年で、学区も同じって言ってただろ」

透さんはその日の出来事を思い返した。

花が開き始めた桜の並木道に、その少女はいた。

肌の白い、ハーフの美少女。

道に迷っている様子に琢磨が気づき、声をかけてみようぜ、と言った。

だが、実際に声をかけたのは透さんだった。

エレナは、外見とは違って日本語を上手に話した。

彼女は透さんたち三人よりも背が高かった。

白い長袖シャツとブルージーンズという格好、青い瞳、雪のように真っ白な肌、赤い髪ゴムでポニーテールにしたブロンドの髪。

彼女が言うには、父親の仕事の関係で越してきたらしく、学年も同じだとわかった。だが彼女は、同い年とは思えないほど雰囲気も大人びていた。

俺も引っ越しさえしなければ、この子と同じ学校に通えたのか、と当時の透さんは心の中で悔しがっていた。

「あの美少女の成長した姿を拝めるかも、と思って、楽しみにしてたのに、来てないんだ」

「エレナ、って誰だよ？」

琢磨が眉間に皺を寄せるのを見て、透さんは戸惑った。

「いやいや、お前が最初に彼女に気づいたんじゃねえか。ほら、琢磨が橋の上でおもちゃの指輪を本物と間違えて持ち帰った日だよ。フェンスを登って給水塔の上から夕日を一緒に見ようってエレナを誘ったけど、断られたじゃん。ママに許可を取らないと、そういう危ないことはできないの、って彼女が言ったから」

透さんは引っ越してしまったため、エレナとはその日一度会っただけだった。

だが、引っ越した後も、エレナの美しい姿を何度も思い返していた。

琢磨と洋介に連絡を取る時、エレナの様子を聞きたいと何度も思っていた。

だが、自分の淡い恋心を知られるのが怖くて、できなかった。自分がいくら恋い焦がれても、エレナのような美しい存在には現実には手が届かないだろう、とも思っていた。

透さんは、エレナと出会った時の記憶を辿り、琢磨と洋介になるべく細かく伝えた。

だが、琢磨と洋介は全く覚えてないようだった。

「透さあ、それって、イマジナリーフレンドってやつなんじゃねえか。子どもが、淋しさを紛らわせるために勝手に造り上げちゃう架空の人格だよ。お前、引っ越して俺たちと離れるのが、そんなに寂しかったのかよ」

洋介がからかうように言ってきた。なぜか、顔が少し引きつっているようにも見えた。

肝試しに三人で行っていた時、洋介は幽霊や怪奇現象について冷静に分析する知識を持っていた。

そのくせ、いざいわくつきのスポットに侵入しようとする時、一番後ろにひっこんで震えていたのも洋介だった。

「架空の人格？　そんなはずねえよ。俺あの子のこと、ずっと忘れられなかったんだから」

「わかったわかった。まあ、そういう大切な存在は、お前の胸の内にしまっておけよ。いい思い出ができて、よかったな。俺たちはお前の寂しさを理解してやれるけど、他の人間には、そういうこと言うなよ、笑われちまうぞ」

琢磨が左手で肩を叩いていた。酒のグラスを持つ右手が、かすかに震えていた。

透さんは首をひねった。

架空の人格。そんな存在を、これほど印象深く覚えているものだろうか。

洋介が急に立ち上がり、トイレに向かった。

「あーあ、あいつ、悪酔いしたのかな。みんなで久しぶりに集まったから、テンション上がっちまったんだろうな」

琢磨が洋介の背中を見ながら、洋介の気持ちを説明するかのように言った。

洋介は、しばらくトイレから出てこなかった。

やがて、別の場所で二次会をしよう、という流れになった。

透さんも、洋介や琢磨と一緒に二次会に参加することにした。


「おい、透」

移動中、後ろから洋介に右肩を掴まれた。

「エレナのこと、他の誰にも言うなよ」

透さんの耳元で洋介は言った。

洋介の顔は、さっきと違って青ざめていた。

他の同級生と談笑しながら歩く琢磨のことを、洋介はちらちら見ていた。

「実は……俺と琢磨が、あの後、エレナを誘ったんだ」

「おい、ちょっと待てよ。エレナって、やっぱり実在してるよなあ。俺が勝手に妄想した架空の存在じゃねえよな」

洋介は透さんの腕を引っ張り、二次会に向かう同級生たちの流れから離れた。

「ああ、エレナは実在したよ。でも、俺と琢磨は、エレナという女の子のことを知らない、ってことになってるんだよ」

「はあ？　なんだそれ、どういうことだよ」

洋介は周りに視線を配りながら、声を潜めた。

「お前が引っ越した後、六年の一学期が始まる前に、俺たちは、またエレナに会ったんだ。フェンスを登って給水塔に登って夕日を見よう、ってことになった。俺じゃない、琢磨が誘ったんだ」

洋介の視線が、街灯の明かりが照らすアスファルトの方に向いた。

洋介は急に怯えたような顔つきになった。

透さんは洋介の視線を追ったが、そこには誰もいない。

「エレナは……給水塔のハシゴを降り損ねて、落下したんだ」

「落下したって、あの高さからか？」

透さんは、エレナのすらりと伸びた手足を思い出した。

「首が、壊れた人形みたいに曲がっちまって、少しだけ手足がけいれんしたかと思ったら、全く動かなくなった。俺と琢磨は、逃げた。夜中に誰かが通報したんだろう、警察と救急車のサイレンが給水塔に向かった。エレナは……勝手に一人で給水塔に登ろうとした、と推測されたみたいだ。俺も琢磨も、何も知らない、って嘘をつき続けたんだ。でも、なんでだよ……なんで俺だけなんだ」

洋介は泣きそうな顔になった。

「今まで、誰にも言えなかったけど、俺、時々、落下した後のあの子の姿が視えるんだ。さっきも、街灯の明かりの下に出てきた。あんなにきれいな顔だったのに……あの子は、落下の衝撃で壊れた顔で、俺をじっと見てる。罪悪感が見せてる幻覚だ、ってことは、自分でもわかってるんだ。でも、視えるもんは視えちまう。琢磨は、彼女のことなんて全然視えないらしい。琢磨は家業を引き継いでうまくやってるのに、俺は仕事で失敗ばかりなんだ。琢磨は、罪の意識に悩まされるってことはないらしい」

洋介は、同窓会で再会する機会を利用して、琢磨を問い詰め、罪悪感を掘り起こそうとしていたらしい。

だが、透さんがエレナと出会った時の懐かしい思い出を話すのを聞きながら、琢磨を責めるのはやめておこう、と思ったという。

「お前にこんなふうに話せて、ちょっとだけ楽になった。俺は、俺の罪悪感を背負っていくことにしたよ」

その日の夜、透さんは夢を見た。

十二歳の時の自分に戻っていた。

美しい姿のままのエレナと二人きりで、エレナの温かい手に触れながら、給水塔の上から夕日を黙って眺めていたという。

肌に宿る

さつきさんは大学一年生の頃、演劇サークルに所属していた。

初夏のとある暑い日、激しく体を動かすアクションの稽古があった。

演出担当の四年生が「休憩」と告げると、汗だくの劇団員たちは稽古場の蛇口に殺到した。

蛇口争奪が一段落した後、三年生の女性の先輩が、筋肉をほぐすために、マッサージをし合おうよ、と提案した。

同性同士で組になり、一人が寝そべり、一人が体を揉みほぐすことになった。

さつきさんは、二年生の美雪《みゆき》とペアを組んだ。

美雪は、さつきさんがひそかに憧れていた先輩だった。

恋愛感情ではなく、自分もこういう女性になりたい、もっと仲良くなりたい、という気持をひそかに抱いていた。

サークルの一年生女子の間では、美雪先輩は怖い人、という噂もあったが、それはサバサバした性格ゆえだろう、とさつきさんは思っていた。

中高時代、陸上部で鍛えたという筋肉質の肉体と、すらりとした長身。酒の席で、上級生の男たちが演劇論を熱くぶつけ過ぎて、殴り合いの喧嘩になる時も、美雪が仲裁に入ると、途端に男たちはおとなしくなった。

声は低く、口調は無愛想だが、リーダーシップと面倒見の良さによって、二年生メンバーのリーダー的な存在になっていた。

「美雪先輩、よ、よろしくお願いします」

「うん。先にやってもらえる?」

美雪はうつぶせになった。美雪先輩の体にこれから触れるのかと思うと、さつきさんの胸は高鳴った。

さつきさんは、美雪の肩にそっと手のひらを当てた。

まず肩全体にまんべんなく触れた後、凝った部分を探り、親指の第一関節で押し当てていく。

「さつきちゃん、マッサージ上手いね。バイトでやってるとか?」

めったに人を褒めることのない美雪から褒められて、さつきさんは嬉しかった。

「いえいえ。でも、小さい頃から、母にやってあげていました」

小学生の頃から、さつきさんは母親をマッサージしてきた。

さつきさんが幼い頃に両親は離婚し、母は女手一つでさつきさんを育ててくれた。父からは慰謝料をもらっていたようだが、母はさつきさんが私立の大学にも入れるようにと、夜遅くまで事務の仕事をし、お洒落《しゃれ》も控えて、貯金を貯めてくれていた。

そんな母に少しでも楽になってもらおうと幼いながらも考えて、さつきさんは帰宅した母にマッサージをしていたのだった。

肩を揉みほぐしていると、時々、母の肌から男の怒鳴り声が聞こえてきた。母の肌から水蒸気のような白い靄《もや》が出てきて、怒鳴っている男の顔がぼんやり見えることもあった。

そんな時、お母さん今日大変だったんじゃないの、とさつきさんが訊くと、上司からちょっと怒鳴られちゃった、と母は苦笑いをする。

男の人が怒鳴ってるのが見えたよ、というと、あなたにはそういう力があるのね、と母は返してきた。

母は沖縄出身で、母の叔母がユタなのだと聞いた。他の人には、その力のこと、あんまり言っちゃ駄目よ、誤解されることもあるからね、と母はさつきさんに何度も諭していた。

さつきさんが中学に上がると、母から、マッサージなんかしなくていいから勉強をしなさい、と言われて、マッサージをしなくなった。

母が、自分に気づかれたくない秘密を肌に宿したのではないか、と当時中学生だったさつきさんはぼんやりと思った記憶がある。

あの時の能力、まだ自分にあるだろうか。これから美雪先輩をマッサージしたら、もしかしたら秘密を知ることができるかもしれない。

そう思うと、さつきさんはますますドキドキして、両手が震えてしまった。

ジャージ越しに触っても、美雪のしっとりとした柔らかさがわかった。

女性にしては少し広めで、肩甲骨《けんこうこつ》がはっきり浮き出ている背中。細身ながらも筋肉のついた長い腕。

「ああ、上手だね、さつき。気持ちいいよ」

美雪が揉まれながら吐息混じりに言った。

いつも聞くより高音で、少し艶かしい声だった。

肩や首や腕を揉みほぐしているうちに、美雪のジャージの周りに白い靄のようなものが見えてきた。

昔、母親の体を揉んでいた時に見たものと似ていた。

靄から何か聞こえるかもしれない、と思い、さつきさんは耳を澄ましてみた。

「……れ……うれ……えくれ」

低い声が途切れ途切れに聞こえてきた。

くぐもった、喉の奥から無理矢理絞り出したような声だった。

美雪先輩の声だろうか、と一瞬思ったが、その低い声は、「ああきもちいい」という美雪の溜め息混じりの声とは全く別のものだった。

周りを見渡してみる。

広めの稽古場の中でマッサージのペアは距離をとって散らばっており、今、自分の耳に繰り返し聞こえてくる低い声を誰かが出しているようには思えなかった。

「……てくれ……してくれ……ゆるしてくれ」

男が、許してくれ、と繰り返し言っているようだ。

美雪先輩の彼氏の声かな、とさつきさんは思った。喧嘩になった時、先輩が強気に彼氏をやりこめて、謝らせた時の声、ってところかな。

この声のことを言い当てたら、美雪先輩を驚かせることができるかな。

さつきさんはいたずら心から、美雪に尋ねてみた。

「美雪先輩、私、ちょっとした能力があるんですけど」

「え、能力って、どんな？」

「人の体に触ると、その体に宿った記憶が見えることがあるんです。先輩って、男の人に何度も謝らせたこと、ありますか？」

「え、なにそれ、どういうこと？」

さつきさんの目の前で、白い靄のようなものが、少しずつ人の顔の形になっていく。

三十代後半くらいの男だった。端正な顔立ちで、美雪に少し似ているようにも見えた。

「許してくれ、許してくれ、って、男の人が、低い声で何度も言ってるのが聞こえるんです」

さつきさんがそう言うと、美雪はガバリと起き上がり、驚いたような顔でさつきさんを見た。

「あんた、なんなの。何か知ってるの？」

美雪は威嚇するような顔つきで言った。

「い、いえ、何も知りません。なんとなく言っただけです。すみませんでした」

美雪はさつきさんを睨みつけながら立ち上がり、稽古場の中心にいた演出担当に断りを入れてトイレに行ってしまった。

稽古が再開した後も、美雪はしばらく帰ってこなかった。

その日の稽古終わり、美雪からすれ違いざま、
あんた、気持ち悪いこと、二度と言わないでよね、と睨まれながら言われた。

それ以降、さつきさんは美雪先輩から無視されるようになってしまった。

「あの白い靄の男の、美雪先輩に似た端正な顔立ち、今でもはっきりと覚えてます。許してくれ、って謝りながら、目を見開いて、舌を突き出して、苦しそうな顔をしていました」

その後、さつきさんは、演劇サークルの先輩から聞いた。

美雪先輩の父親は、彼女が中学の時に失踪したのだという。

標本仲間

和也《かずや》さんは学生時代、バンド活動の傍ら、特殊清掃業者でバイトをしていた。

十一月の半ば、和也さんはアルバイトの先輩とともに古いアパートに向かった。

孤独死した男性をアパート管理人が見つけ、警察の調べが済んだ後、和也さんが所属する業者に清掃を依頼してきていた。

清掃業者の社員たちが現場の下見と費用見積もりを済ませた後、和也さんと先輩バイトはゴミ運搬担当として清掃作業を手伝うことになった。

部屋の住人だったのは初老の一人暮らしの男性だった。警察は男性の死亡状況に事件性なし、と判断していた。

アパートの二階の奥にある部屋のあちこちでは、ハエが飛び交っていた。部屋の中にはスナック菓子の包装紙やカップラーメンの空き容器が散らかっていた。

畳の上には、人型の黒い染みが残っている。

孤独死の現場を見慣れた社員たちは、部屋の住人は死後三日以上経過してから発見されたのだろう、と見立てていた。

　感染症防止のために防毒マスクを着けていたが、胃がむかつくような死臭に顔をしかめながら、和也さんは気分が悪くなった。

　和也さんは先輩アルバイトとともに、部屋に散らかった大量のゴミを袋に詰めていき、外に停めてある業者所有のトラックに運んでいった。

　突然、部屋に見知らぬ男が入ってきた。

　眼鏡をかけて小太りの、無精髭を生やし、頭髪の薄い男が、和也さんや先輩バイトを睨むように見ながら話しかけてきた。

「いいか、ここの部屋にいた住人は、俺の友達なんだ。昨日、標本を俺にくれるって電話してきた。趣味に無理解な家族は、どうせ気味悪がって捨てちゃうだけだろ。業者さん、悪いけど、ちょっと邪魔するよ」

　和也さんは先輩バイトと目を合わせて、首をかしげた。

　この部屋の住人は、死後三日以上経過した後に発見されたはずだ。

　だから、昨日この男に電話できたはずがないのに、と和也さんは思った。

　男はゴミ袋の山を掻き分け、押し入れを開けると、奥にあった小さなガラスケースを取り出した。

手のひらサイズのケースの中には、背中の真ん中に虫ピンが刺された大型のカブトムシの標本が入っていた。

男はハエが頭の周りを飛び交うのもかまわず、しばらくケースを見つめていた。

「うわあ、ひっでえ保存だなあ。あいつらしくねえ」

和也さんは、男の手にあるケースの中のカブトムシを見て、右前脚が欠けていることに気づいた。

こいつ、勝手に部屋を荒らしやがって、と和也さんは思った。だが、清掃業者の社員はちょうど外に出てしまっており、相談することもできず、どうしたらいいのかと困惑した。

先輩アルバイトは、私どもが遺品整理中ですのでお待ちください、と小太りの男に言った。

だが男は、あいつが電話で譲ってくれたって言っただろ、と怒鳴り、ガラスケースを持って部屋を出て行ってしまった。

その一週間後。

和也さんが特殊清掃業の事務所で次の月のシフトの申請をした時、事務所のドアが乱暴に開けられて、男が突然入ってきた。

カブトムシの標本ケースを勝手に取っていった、あの小太りの男だった。

男の右腕には、肩から手首にかけてギプスが着けられていた。背中を丸めながら、荒い鼻息を吐き、唇を震わせている。

長袖シャツが汗でびっしょり濡れていて、額から汗が噴き出していた。

その日の最高気温は十四度で、汗をかくような気候ではなかった。

左手には、あの時のカブトムシが入ったガラスケースが握られている。

どうやら、あの日、外に停めていたゴミ運搬用トラックのロゴを覚えていて、この事務所にたどり着いたようだった。

「これ、おたくが扱う遺品だろ。引き取ってくれ。こういうのも処理してくれる業者なんだよな」

男は近くにあったデスクにケースを置いて、立ち去ろうとした。

すかさず事務所の所長が男に声をかけた。

「お客様、お待ちください。ご遺品の取り扱いに関しましては、まずこちらにお名前とご住所をご記入いただきたいのですが」

「うるせえ。俺はあいつに嵌《は》められたんだ。こんなのがあるから、俺の右腕がこんなになっちまうし、背中がずっと痛《いて》えんだよ。あんたら、治療費出してくれんのかよ」

男はそう吐き捨てると、事務所を出て行ってしまった。

所長は、背中を虫ピンで刺され、右腕の欠けたカブトムシの標本を見ながら、何かを感じたらしく、溜め息をついた。

知り合いの業者に電話をかけ、弔いを頼んでいた。近頃はペットの虫を供養する昆虫葬なるものがあるらしい。どうやら所長は自腹で処理するつもりのようだった。

「亡くなった人が大事に取っておいたもんは、無理矢理奪ったりしちゃいけねえんだ。どんな念がこもってるか、わかんねえからな」

所長は和也さんを諭すように言った。

その一ヶ月後。

和也さんは、あの小太りの男と遭遇した時に一緒にいた先輩アルバイトが、バイク事故で大怪我を負ったと知った。

バイクで転倒した時、先輩アルバイトは、遺品整理作業中にこっそり盗み取った高級腕時計を嵌めていたという。

そっちじゃないよ

葵《あおい》さんは、大学の友人・香奈《かな》が一人で暮らしている部屋に遊びに行った。

香奈の住むマンションは、白い外壁が綺麗な、築五年ほどの物件だった。

マンションのエントランスに入る前に、香奈に電話をかけてみた。

「ごめーん、鍋の準備、まだできてなくって、今、火元から離れられないんだ。七階の部屋の前までエレベーターで来てくれる?」

葵さんは香奈に言われた通り、エレベーターに向かった。

「上」ボタンを押すと、すぐにカゴが一階に来た。

四人入ったらぎゅうぎゅう詰めになりそうな、狭いエレベーターだった。床のマットは灰色で、奥の方には黒いインクのような染みが散らばっている。

葵さんはエレベーターのカゴに入り、七階のボタンを押すと、ドアがゆっくりと閉まった。

カゴの中では、服が生乾きになった時のにおいがした。

このカゴにさっきまで乗っていた人が残したにおいだろうか。

葵さんは鼻呼吸を止めて、カゴの中を改めて見渡した。

電話マークの書かれた黄色い非常用ボタンが、三つ付いていた。

右側にある階数ボタンの列の上に一つと、左側の低い位置に一つ。それから、カゴに入って正面の壁の、靴先で押せるような低い所に一つ。こんな場所になんでボタンがあるんだろう、と葵さんは思った。

電話マークの下には、「非常時に押し続けると外部に連絡できます」と記されている。

大人用と子供用、それから予備用として、三つ付いているのかな。

そんなことを考えながら、葵さんはおかしなことに気づいた。

エレベーターのワイヤーが動いている音はかすかに聞こえる。だが、カゴがなかなか上昇しないのだ。

どうしたんだろう。故障かな。非常用ボタンを押そうか。いや、香奈に電話してみるか。

グウィーーーーーーン。

突然、ワイヤーを巻き上げる音がした。

ようやくエレベーターが動き始める。

だが、上がり方がとても遅い。

ようやく二階を過ぎた後、カゴがガタガタと横に揺れはじめた。

地震かな。停まっちゃったらやだな。

怖くなった葵さんは、階数ボタンの上にある非常用ボタンに手を伸ばした。

「そっちじゃないよ」

耳元で子どもの声がした。

葵さんはハッと息を呑んだ。

周りを見たが、誰もいない。

カゴの中の照明が落ちて、急に真っ暗になった。ヒャッ、と葵さんは短い悲鳴を上げた。

エレベーターは、相変わらずゆっくりと上がりながら、ガタガタと揺れている。

「こっちだよ」

声のした方を思わず見た。

暗闇の中に、私以外の誰かがいる。

恐怖で身をこわばらせていると、誰かの手が葵さんの腰の両側をぐっと掴んできた。

葵さんが悲鳴を上げると、腰から手が離れた。

だが次の瞬間、今度は左手をぎゅっと掴まれた。

ひんやりとした、細くて小さな手だった。その手に引っ張られ、葵さんの左手は、左側の低い位置にあったボタンの方に導かれた。

指先でボタンに触れる感触があった。

エレベーターが、ぱっと明るくなった。

階数ランプは「七階」を表示していた。唖然としている間に、ドアがゆっくりと開く。

葵さんはエレベーターから飛び出して、香奈の部屋に急いだ。振り返ってしまったら、エレベーターの中に何かを見てしまう気がした。

インターホンを、震える指で何度も押す。

ドアを開けた香奈は、葵さんの顔を見て驚いた。

「どうしたのよ、そんなに汗かいて」

「いや……ちょっとね」

香奈の部屋に入ると、鍋のおいしそうなにおいが漂ってきた。葵さんは安堵から溜め息をついた。

香奈と鍋をつつきながら語り合い、ビールの二缶目を飲み始めた時、葵さんは思いきって香奈に訊いてみた。

「ねえ、このマンション、何か変わってることとか、ない?」

「え、どうして?」

香奈は意外なことを訊かれたような顔をしている。

香奈は以前、心霊番組や怖い噂が苦手で、怖いと眠れなくなってしまう、と話していた。エレベーターでの体験を語ったら、怖がらせてしまうだろう、と葵さんは思った。

「いや、ええと……エレベーターに非常用ボタンが三つ付いてたから、変わってるなあと思って」

「非常用ボタン、って、あの黄色いやつ? あの階数ボタンの上にあるやつだよね。いやいや、ボタンは一つしか無いでしょ」

香奈が呆れたように笑う。

じゃあ、さっき乗ってきたカゴで見たものはなんだったのか。

「ああ、そうそう、変わってることと言えば、私の部屋で、朝、冷蔵庫が開けっぱなしになってるなあ、ってことは、何回かあったな。まあ、お酒で酔って寝ちゃった私が開けたままにしちゃって、覚えてないだけだと思うけど」

葵さんの頭の中で、夜、暗い部屋で、ゆっくりと冷蔵庫が開く映像が浮かんだ。

口の中に急に苦味のようなものを感じた。

鍋の中の肉や野菜が不気味なものに思えてくる。

酔っ払ってしまったふりをして、葵さんは予定よりも早く香奈の部屋を出た。

香奈は、マンションの外まで送ってくれた。

マンションに一つしか無いエレベーターの中には、香奈の言った通り、非常用ボタンが一つしか無かった。

灰色の床マットにあったはずの黒い染みは、香奈と一緒に乗った時は無かった。

葵さんは帰宅してから、事故物件紹介サイトを開いて、香奈の住むマンションの住所を調べてみた。

そのマンションのある住所で、約二十年前、子どもがベランダから転落して死亡していたことがわかった。

葵さんは、エレベーターで聞いた声と、腰を掴んできた細くて小さな手の感触を思い出した。

香奈の部屋の冷蔵庫を開けているのは、その子ではないかな、と直感した。

香奈を怖がらせてはいけないと思い、葵さんはそのことを彼女に告げていない。

きれいな歯ブラシ

八月後半の土曜日。

大学生の俊雄《としお》さんは、ヒップホップイベントでDJをやっている友人から、パーティーに行こうと誘われた。

友人の知り合いが住んでいるシェアハウスでパーティーがあるのだという。

俊雄さんも、ラッパーとして活動し始めていたところだった。

聞いたことのある有名なDJやラッパーも参加する、しかも参加費は二千円でいい、と聞いて、俊雄さんは喜んだ。

友人に連れられて、俊雄さんは二階建ての一軒家に着いた。

DJやラッパーやビートメイカーやデザイナーが共同で生活しているシェアハウス。

周りは静かな住宅街で、壁も綺麗で、家の横には車を二台置けるくらいの駐車スペースがあった。

玄関ドアを開くと、既にパーティーは盛り上がっており、玄関は靴でいっぱいになっている。スニーカーに混じって、ヒールもいくつかあった。

かわいい女の子と出会えるかもしれない、と俊雄さんは期待した。

広いリビングは青白いライトに照らされ、アメリカの有名なヒップホップの曲がＤＪによって巧みに繋がれている。二十人ほどの客が音に合わせて踊っていた。

テーブルの上には、ワインや日本酒や焼酎の瓶、六缶パックのビールが所狭しと置かれていた。二千円払えば、どの酒を呑んでもかまわないのだという。

俊雄さんはビールを片手に部屋を見渡し、にぎやかな雰囲気を味わった。友人から知り合いのＤＪを紹介してもらい、酒を呑みながら談笑する。

ゲストとして参加した有名なラッパーが曲を披露する前に、誰からともなくテキーラが振る舞われた。俊雄さんたちは歓声を上げながら、ショットグラスを持ち上げ、ラッパーを讃えながら乾杯する。

パーティーが楽しいあまり、俊雄さんはいつもより早いペースで酒を呑み続けた。

参加してから三十分ほど経った時、俊雄さんは尿意を覚え、トイレに向かった。

トイレの手前には洗面所があった。鏡は綺麗に磨かれていて、白いコップの中に歯ブラシが四、五本刺さっていた。

洗面所だけは、妙に生活感があるなあ。リビングから漏れ聞こえてくる曲を聴きながら、俊雄さんはトイレに入った。

トイレから戻ると、俊雄さんの好きな、とびきりノリのいい曲がかかっていた。

俊雄さんは焼酎のお湯割りを片手に、体を揺さぶりながら激しく踊った。

酔いが回って、こめかみがガンガンと痛くなる。

やがて、俊雄さんは踊り疲れてきた。リビングの奥にあったコの字型のソファの端に座る。

背中をソファに預けると、とたんに眠くなり、意識が薄れていった。

ハッと気づくと、肩を揺すられていた。

もう曲はかかっていなかった。オレンジ色の薄い照明の中、しんとした部屋のあちこちで人がぐったりしている。

「ねえ、一緒に呑もうよ」

白い光を放つスタンドライトを背に、女が立っていた。

女は右手に缶ビールを持って、俊雄さんに微笑みかけている。

きれいな女だな、と俊雄さんは思った。艶やかな長い黒髪、真っ赤なワンピースを着ていて、右の目尻の下に、小さなホクロがある。

こんな美人がここにいたのか。俺が寝ている間に来たのだろうか。女は缶ビールを一口飲んでから、俊雄さんの方に差し出してきた。呑んでいいよ、ということだろう。間接キスだな、と俊雄さんは思った。部屋にいる他の男たちは、寝ているか、うつらうつらしていた。この美人をものにできるかもしれない、と思いながら、俊雄さんは缶ビールをあおった。

「私にもちょうだい」

女が右手を伸ばしてきて、缶ビールを持つ俊雄さんの手をそっと包んできた。指は細かったが、温かかった。俊雄さんが缶を渡すと、女はビールを飲み干して、缶を床に置いた。上目遣いで俊雄さんを見ながら、女はゆっくりと立ち上がる。ソファの背に手を置いて、俊雄さんにそっと顔を近づけてきた。

ワンピースの首元がしどけなくはだけて、胸元が見えそうだった。

俊雄さんは下半身の血管が激しく脈打つのを感じながら、その女にキスをしようと首を伸ばした。

唇に触れる直前、女が急に顔を引いた。

「歯、磨いてきて」

しまった、酒臭かったのか、と思いながら、俊雄さんはうなずいて、洗面所に急いだ。

歯磨き粉と、白いコップに入っていた誰かの歯ブラシを勝手に使っちまおう。別にバレやしないだろう。あの美女の気持ちが変わらないうちに歯を磨かないと。

洗面所の電気を点け、白いコップの中の歯ブラシを見た。

歯ブラシは十本ほどあった。さっきトイレに行く前に見た時よりも増えている気がした。どれもこれも、ブラシの部分が黒ずんでいる。

さっき見た時、こんなに黒かったっけ、と俊雄さんは首をひねった。

一つだけ、ブラシが綺麗なものがあった。

柄の部分はピンクだった。このシェアハウスの女の住人のものかな。

そう思いながらも、すまないね、と心で謝って、その歯ブラシを手に取った。

蛇口の近くにあったミント味の歯磨き粉を付け、ブラシを口に入れた。

急がないと。他の男が起き出して、自分が戻る前にあの美女に声をかけてしまうかもしれない。

俊雄さんは乱暴な手つきで歯を磨いた。しばらくすると、口の中に血の味が滲んでいく。

歯茎を傷つけてしまったのだろうか。

喉がイガイガして、咳き込むと、口の端から赤い唾が漏れ出た。ぎょっとして、俊雄さんは口をゆすごうとした。

口を開けて、左手で蛇口をひねる。

だが、歯ブラシを握った右手が、なぜか口から離れない。

自分の意志とは別に、右手が勝手に動いて、口の中を磨き続けている。

酔っ払ったせいで、体がうまく制御できないのか。

左手で右手首を掴み、歯ブラシを口から引きはがそうとした。

だが右手は強い力で抵抗する。

歯茎がずきずき痛んで、血の味が口に広がっていく。口の端から赤い唾がしたたり落ちる。

舌に違和感があった。

歯ブラシを咥えたまま口を開けて鏡を見た。

血まみれの舌が、黒ずんでいるように見える。

照明の加減のせいかと思ったが、口をさらに開けてよく見ると、長い黒髪がぐるぐると舌に巻き付いていた。ぎょっとして、身体がこわばった。

「ねえ、一緒に呑もうよ」

すぐそばで、女の声が聞こえた。

鏡の中で、自分の右肩に、あの女の首だけが乗っている。

俊雄さんは悲鳴を上げた。頭の中でブチッと音がして、そのまま意識を失った。

目覚めると、明け方だった。

俊雄さんはリビングの中央にあったコの字型のソファに座っていた。

薄暗い中、床で寝ている男たちが見えた。一緒に来た友人もいる。

厭な夢を見たなあ、と思いながら、口の中に違和感を覚えた。

右手の指を突っ込み、取り出すと、一本の長い黒髪だった。

うわ、と言って指をこすり、髪を床に捨てた。

この気味の悪い感触のせいで、不気味な夢を見てしまったのだろう、と思った。

部屋の壁掛け時計を見る。最寄り駅からの電車が動いている時刻だった。

俊雄さんは酒が残るぼうっとした頭で、友人を揺すり起こして、帰ろう、と言った。友人がぐずぐず帰る準備をしている間に、トイレを借りた。

洗面所の白いコップには、歯ブラシが五本あった。

ピンクの柄のものはなかったし、どのブラシも黒ずんでもいない。

やっぱり夢だったか。

「おい、何ぼうっとしてんだよ、早く帰ろうぜ」

用意ができた友人からせかされ、俊雄さんはシェアハウスを出て、駅に向かった。

「パーティー、マジで最高だったなあ」

友人はニコニコしながら俊雄さんの隣を機嫌よさそうに歩いている。俊雄さんは、実は変な夢を見ちまったよ、と友人に言って、缶ビールを渡してきた美女の特徴を告げてみた。

友人はしばらく黙った後、ああそれ由美《ゆみ》ちゃんに似てるな、と言った。

去年まで、シェアハウスに住んでいて、DJをしていた女性らしい。

彼氏と一緒に山登りに行く、と同居人に言い残した後、由美の消息はわからなくなったという。

その彼氏というのは、半グレ集団に所属している男だった。そいつに殺されたんじゃないか、とみんなで噂していたという。

「なぜか俺、彼女に気に入られちゃったみたいで。今でも時々、鏡の中にあの子の首が映るんですよね」

俊雄さんは夜中の洗面所で歯を磨けなくなってしまった。

ライブ配信中に

加奈子《かなこ》さんは、歌手を目指している友人の涼子《りょうこ》のライブ配信を見ていた。

そのライブ配信サービスは、画質はそれほど高くないが、データ通信量は控えめで、視聴者からのコメントを見ながら双方向のやり取りを気軽に楽しめるものだった。

スマホの画面の中で、いつもの通り、涼子がギターの弾き語りをしていた。

視聴者の数は十人程度だったが、好意的で温かい応援コメントが寄せられている。

涼子が一曲終えるたびに、「８８８８（パチパチパチパチ）」と、彼女の演奏を褒め讃えるコメントが流れた。

涼子は次の曲を歌う前に視聴者のコメントを拾って声に出しながら、「いつもコメントありがとう」などと言って画面に笑顔を向けた。

三曲目の中盤で、加奈子さんは違和感を覚えた。画面の色合いが変わったように感じたのだ。どんどん画面全体が暗くなっていく。

不意に、右端の切れ目から、縦長の黒い影が現れた。

最初はぼんやりとしていたが、黒いそれは画面の中でだんだんとはっきりとした形をとっていく。

若い男だった。

黒髪短髪、黒い半袖シャツと黒いスキニージーンズ。腕が異様に白く、右の手首近くには赤い龍のタトゥーのようなものが小さく入っていた。

男は、正面に背中が見えるほど上半身をだらりと前に垂らしている。歩くたびに左右に揺れながら、ゆっくりと涼子の方に近づいていく。

それなのに、涼子は何も気づかずに、演奏を続けている。

擬似心霊ドッキリなのかな、と加奈子さんは思った。

配信者の中には、話題作りのために、「ドッキリ系」と呼ばれる生配信をする人がいる。曲だけで勝負したい、と涼子は言っていたのに、方針を変えたのかな、と加奈子さんは思った。

視聴者がリアルタイムで意見を言い合うコメント欄を見てみた。

「やっぱり癒されるなあ」「きれいな声ですね」「ああ、うっとり」

いつもの通り、平和なコメントばかりで、画面に現れた不気味な男について言及する人はいない。

自分だけに見えているのか。

ネットワーク状況が悪いのか。あるいは、変な混線が起きているのかもしれない。

加奈子さんは動画アプリを一旦終了し、再び起動し、涼子のチャンネルに戻った。

不気味な黒い男はいなくなっていた。

ちょうど涼子は演奏を終えていて、コメント欄には「８８８８」が並んでいる。

涼子は、曲の間にコメントしてくれた視聴者に感謝を伝えていた。

「後ろから変な男が近づいてくる心霊ドッキリ入れたでしょ」

加奈子さんはそうコメントしてみた。

涼子はすぐに加奈子さんのコメントに反応してくれた。

「ええ、心霊ドッキリ？　もう、そういうのやめてよ、私怖がりなんだから、するわけないでしょ」

「黒い半袖シャツに黒いスキニージーンズの男」

加奈子さんがそうコメントすると、笑顔だった涼子が、急に真顔になって、後ろを振り返った。

そして、ひきつった微笑みを画面に向けた。

「ご、ごめんなさい、なんだか急に疲れちゃった。今日はここで終わります」

いつもは五曲ほど披露する涼子なのに、珍しいな、と加奈子さんは思った。

自分のコメントで怖がらせてしまったせいだろうか。

謝らないといけない、と思い、加奈子さんは涼子に電話してみた。

「ごめん、さっきの上下黒の変な男のコメント、あたしが書き込んだ」

涼子はしばらく黙った後、言った。

「その男、他にどんな特徴があった？」

いつもは明るく穏やかな涼子の声が、異様に緊張している。

「腕が白くって、右腕に赤い龍のタトゥーみたいなのがあった」

ひっ、と息を呑む音がして、電話が切れた。

どうしたんだろう。涼子と因縁のある男の霊でも見てしまったのだろうか。自分には霊感なんてないはずなのになあ、と加奈子さんは首をかしげた。

およそ五分後、涼子から電話がかかってきた。

「ありがとう、加奈子、おかげで助けられたよ」

「え、どういうこと？」

涼子はいつも通りの穏やかな声で説明してくれた。

最近、涼子に彼氏ができた。だが昨晩、激しい喧嘩をしてしまっていた。

加奈子さんの言葉を聞いて、涼子は彼氏のことを思い出し、配信後、電話をかけていた。

ちょうどその時、彼氏は「もう別れる」という彼女の言葉にひどくショックを受けて、死のうとしていたらしい。マンションから身を投げようかな、と思い、外廊下の手すりから上半身を乗り出した時に、涼子からの電話がかかってきて、正気を取り戻したのだという。

涼子は何度も感謝の言葉を加奈子さんに伝えてから、電話を切った。

加奈子さんが「涼子の彼氏の生霊」を視たのは、その一回だけという。

「友達の彼氏の生霊は視えたのになあ。自分の元カレのピンチの時は、何も視えなくて、助けられなかったんですよね」

加奈子さんは溜め息をつく。

気前のいい友人

プログラマー歴五年の大石《おおいし》さんは、十連勤から解放され、ようやく丸一日の休みを会社からもらった。

体は疲れていたが、テンションはハイな状態だった。

久しぶりに、なにかハッちゃけたことをやりたい。そう思い、会社からの帰り道、学生時代によく通っていたクラブに向かった。

薄暗いフロアには、レゲトンと呼ばれるラテン系の激しめのレゲエの曲が流れていた。

大石さんと同じく、会社帰りらしき、白いワイシャツに暗色系のビジネスパンツを着た若い男たちもいた。

「おう、久しぶり」

後ろから肩を叩かれ、振り返ると、懐かしい顔があった。

「松原《まつばら》、だよな。五年ぶり、くらいか？」

ＤＪをしている松原だった。

「今日ここで回してるの？」

「もうやり終わった。今は客」

松原は大学を中退し、バイトをしながら、毎晩のようにあちこちのクラブでＤＪとしてプレイしていた。好きなことだけで食っていく、と彼は周囲に宣言していた。

食事すら抜いているらしく、痩せた彼の体を見て、心配する声もあった。

ヤバい薬物をやり過ぎなんじゃないか、という知人もいたが、オレはクスリなんかやらねえよ、と松原自身は言っていた。

大石さんは就職後、忙しくなってから、クラブにはほとんど行くことができず、松原と会うこともなかった。

「テキーラ呑まない？」

松原はショットグラスを大石さんに差し出してきた。

大石さんと松原はスピーカーから遠ざかり、入口付近の明るいスペースに移動した。

青白い照明の中で松原を見たが、顔色は良いようだった。

「元気そうだな。今もＤＪとして頑張ってるの？」

「ああ。バイトやらなくてもよくなった。結構いい感じ」

「そっか。好きなことだけで食う、って言ってたもんな。夢を実現したんだな」

「ああ。そっちは最近どうなの。なんか疲れてそうだけど」

「俺の方は、今やすっかり底辺プログラマーだよ。十連勤がさっき終わったばっかり」

大石さんは自虐気味に笑った。

「お疲れさん。昔、大石には何度か奢ってもらったから、今日は俺が奢るよ。ジントニックが好きだったよな」

松原は大石さんに三杯のジントニックを奢ってくれた。

「昔はケチな奴だったのに、ずいぶん気前がよくなったな」

大石さんがからかい気味に言うと、松原は愉快そうに笑った。

三十分ほどフロアで踊った後、松原が肩を突ついてきた。

「腹減ったな、ラーメンでも食いに行かねえ？　この近くに夜中でもやってるとこがあるんだよ」

ラーメンと聞いた途端、唾液が口に湧き出てくる。

「いいね、ラーメン、行こう行こう」

大石さんはすっかり酔っ払って、いい心地になっていた。

ふらつく足で、松原の背中を見ながら駅の方に向かう。

ところどころ街灯で照らされた夜中の街は、他に人影はない。

大通りをしばらく歩いてから、寂しい路地を何度か曲がる。

赤茶色の五階建てマンションの前で、松原は立ち止まった。

「この地下にあるんだよ。煮干しが効いてて、いい感じのラーメンだよ」

マンションの側面に回り込んで、松原が古びたアルミ製のドアを開けた。

地下につながるくだり階段がある。看板など出ていなかったが、下からは醬油系のラーメンスープのにおいが漂ってきた。

「全部のせラーメン、食えるよな。金は俺が出すから」

店内は薄暗く、他には客はいなかった。知る人ぞ知るこだわりラーメン屋ってところか、と大石さんは思った。

椅子に座ってしばらくすると、酔ったせいでつい、ウトウトしてしまった。

「おい、ラーメン来たぞ」

目を開けると、湯気を立てたラーメンが目の前にあった。

麺の上に、チャーシューやワンタンやゆで卵がのっている。

横でうまそうにラーメンを食べる松原につられて、大石さんもラーメンにがっついた。

煮干しの香りが濃厚な美味いスープだった。

空腹だったせいか、あっという間に食べ終わる。

松原はラーメンの代金を出してくれた。

ラーメン屋の大将が、これお土産《みやげ》、と言って、大きめの白いビニール袋を二つ差し出してきた。中には、駄菓子の詰め合わせが入っている。

「ああ、うまかったな。なあ大石、俺の部屋に、ぶっ飛べるものがあるんだけど、仕事の憂さ晴らしに、やってみねえか？」

そう言いながら、松原は通りかかったタクシーを停めた。

ぶっ飛べるもの。ヤバい薬物かな。大石さんはぼんやりとした頭でそう思った。

「いや、今日はやめとくわ」

「そっか。じゃあ、気をつけて帰れよ」

そう言った大石さんに、松原はタクシーに乗るように促した。

大石さんは後部座席に座り、松原が運転手に紙幣を渡してくれるのを見ながら、睡魔に負けて、そのまま寝てしまった。

目覚めると、大石さんはスーツのままで自宅のベッドに寝ていた。

昨夜、全部乗せラーメンを平らげたせいか、腹に満腹感がある。

ゲップには煮干しのにおいがまじっていた。二日酔いで頭がずきずきと痛む。

土曜日の昼過ぎだった。

タクシー代まで出してもらったのに、松原にちゃんとお礼を伝えられなかったな。

大石さんはスマホを手に取り、松原に電話をかけた。

この番号は現在使われておりません、という機械音声が流れてきた。

あいつ、番号変えたのか。

松原が使っていたSNSのアカウントにアクセスして、メールを送ろうと思った。だが、彼のアカウントは消滅していた。

大石さんは、松原との共通の友人に電話をかけてみた。

「いやいや、何言ってんだよ。松原は去年死んだよ。DJ稼業に行き詰まって、クスリをやり過ぎちまって」

友人は呆れたような声で言った。大石さんは昨晩の記憶を振り返る。

「昨日、俺はあいつとクラブで一緒だったし、ラーメン屋にも行ったんだぞ」

大石さんは、五階建てマンションの地下にあったラーメン屋のことを友人に語った。

友人はそのマンションを知っていたが、その地下にはラーメン屋なんかないぞ、と言う。

首をひねりながら、大石さんは電話を切った。

昨日のあれは、全部夢だったのか?

大石さんはキッチンに向かった。

テーブルの上には、白いビニール袋があり、駄菓子が入っている。

なんだ、やっぱり夢なんかじゃなかった。

駄菓子の包装袋はどれも色褪せていた。見れば、賞味期限は一年以上前に切れている。

ラーメン屋の大将の顔を思い出そうとしたが、真っ黒な顔が思い浮かぶだけだった。

松原が死んでるとしたら、あのラーメンは、一体何だったんだ?

ゲップに煮干しのにおいが混じってるのはなんでなんだ?

急に吐き気がこみ上げてきた。

トイレに駆け込んで、嘔吐した。息がしばらくできないほど、えずき続けた。

ヘドロのようなにおいのする、真っ黒などろどろとしたものが、口から次々に出てくる。

吐き終えた後も腹には違和感が残り、大石さんのせっかくの休みは、二日酔いと腹の不具合を治すために費やされてしまった。
次の休みの日。大石さんは、赤茶色の五階建てマンションを見に行った。
友人が言っていた通り、マンションには、地下に至る階段も、ラーメン屋もなかった。
それ以降、大石さんは、やたらと気前の良い友人には警戒してしまうという。

ナンパ成功

そんな大石さんは、大学生時代、一度だけ女性をナンパしたことがあるという。

長く付き合っていた彼女にふられて、クラブでやけ気味に酒をあおった後の、一人きりでとぼとぼと歩いていた帰り道。

女がふらふらと歩きながら、大石さんの横を追い越した。

小柄で細身。長い黒髪に、ピンクのカーディガンと灰色のスカート、白いヒール。

形の良い尻が、歩くたびにスカートの中で踊る。

後ろ姿を見て、大石さんはぐっと来てしまい、声をかけてみようと思った。

すでに終電間際の時間帯だった。

大石さんはせっせと歩いて女を追い越しながら、横顔を確認した。

きれいな顔をしている。

「お姉さんこんばんわ。酔っ払ってる？　大丈夫？」

普段は奥手な大石さんだったが、酔っていたのと、失恋の淋しさや悔しさのせいか、声をかけることができた。

「あ、ええ、だいじょうぶです」

声もかわいい。よしっ、と大石さんは思った。

だが、男に声をかけられて警戒したのか、女は早歩きぎみになった。

大石さんは、同じクラブで知り合ったチャラい男から聞きかじったナンパテクニックを必死で思い出しながら、会話を続けた。

最初、女は迷惑そうな顔をしていたが、大石さんがユーモアを心がけながら話し続けると、笑みをこぼすようになった。

女も、クラブで少し遊んでいたという。一緒に来た友達が急に帰ってしまったので、一人きりになったら心細くなってしまい、帰ることにしたらしい。

美樹《みき》、という女の名を聞き出した。

明日は仕事が休みらしい。

これはチャンスだ、と思った。

大石さんは、有名なＤＪと一緒に呑んだことがある、と言うと、美樹が関心を示した。

嘘でも関心を引ければいいや、と思い、思いつく限りの有名人の名前を出して、自分は知り合いだとアピールした。美樹は笑いながら、大石さんのすぐ横を並んで歩いてくれている。

「ねえ、明日休みだったら、これからどっかでじっくり話さない？」

大石さんは、朝まで開いている馴染みの居酒屋に美樹を連れ込み、親しくなろうとした。

彼女はふらついた弾みで肩に頭を寄せてきた。

汗とシャンプーの甘ったるいにおいがして、柔らかな黒髪が大石さんの頬をくすぐる。

危ないよ、と言いながら、大石さんは美樹の手を握った。美樹は手を振りほどこうとはしなかった。

「ねえねえ、あたしの部屋に行かない？」

美樹が大石さんの耳元で囁いて、手を引っ張ってきた。

大石さんは興奮を覚えながら、彼女に従うことにした。

駅に至る大通りを外れて、川沿いの暗い道を歩く。

ひょっとして、今日はめちゃくちゃラッキーな日なのかもしれない。

内心浮足立ちながら、ごみのにおいがする川沿いをしばらく歩くと、美樹が立ち止まった。

「ほら、あそこなら、人がいないよ」

美樹が指差した先には、外灯にぼんやり浮かび上がる、寂《さび》れた和風の一軒家があった。

窓が割れていて、玄関先には雑草が生い茂っている。どう見ても廃屋である。

「あれ、君の家？」

「違うけど、誰も住んでないよ。だから、あたしの家」

大石さんは途端に警戒した。

俺は、女に誘い込まれたんじゃないか。

美人局《つつもたせ》かもしれない。

周りを素早く見渡す。だが、他に人がいる気配はない。

美樹は急に強い力で大石さんの手を引き、家の玄関先へと導いた。美樹が引き戸を無理矢理に開けると、カビくさい空気が家の中から押し寄せてくる。

「ほら、中には誰もいないでしょ」

美樹がニヤリと笑い、真っ暗な家の中に大石さんを引っ張り込もうとする。

たくさんの鼠や害虫が家の床でうごめいているような気がする。

この女はヤバい、と大石さんは直感した。

繋いでいた右手を無理矢理振りほどいた。

直後、右手のひらに鋭い痛みが走った。女の手元で何かがきらりと光る。顔から血の気が引いた。踵を返して逃げようとすると、女がすがりついてきた。大石さんは女を思いきり突き飛ばした。

女は倒れる寸前、ニヤリと笑った直後、夜の闇に溶けるように消えた。

大石さんは混乱しながら、ひたすら駅の方に走った。

たどりついたコンビニの照明の下で、ひりひりと痛む右の手のひらを見てみると、血まみれだった。

ざっくりと切られていて、血が流れ出てくる。

持っていたハンカチで止血し、何度も後ろを振り返りながら、大石さんは帰宅した。

翌朝。

右手の痛みが治まらないので、病院で診てもらった。

「これは珍しい形の傷口だね、特殊な機械でも使ってたの？」

老いた外科医は大石さんの手のひらの傷を見ながら、不思議そうな顔つきで言った。

その二日後。

大石さんはクラブの知り合いにその女の話をしてみた。

美樹と名乗るその女は、その界隈で知られた存在だった。

彼女は、クラブ帰りに声をかけてきた男を、廃屋に誘い込んでいたという。

そういう場所でなければ興奮できない性癖だったらしい。

だがある日、彼女は廃屋のそばの川で溺死体で見つかったという。警察は、自殺、と判断したらしい。

美樹との出会い以降、見知らぬ美女を見かけてもナンパはしない、と大石さんは決めている。

解体中の家で

「もう色々と時効だろうから、話しちゃおうかな。地名は伏せて、俺の名前とかは変えておいてね」

今から三十年以上も前の、荒木《あらき》さんがまだ不良少年だった頃のことだという。

自宅の近所にある木造の屋敷が解体されることになった。

地方中核都市の端っこにある町だった。バブル景気後期の賑わいのお陰で、町内のあちこちで開発が進んでいた。

その屋敷の敷地は広く、庭にはミカンや柿の木が植わっていた。だが、屋敷の主の所有していた土地は、昔はもっと広かったという。

屋敷の主は地域有数の旧家で、戦前は大地主だった。戦後の農地改革によって多くの土地が行政によって没収されてしまい、小作農だった人々に与えられていた。

昼間、ショベルカーによってその屋敷が解体されるのを、荒木さんの友人Aが見かけたのだった。その友人Aの祖父が、かつてその旧家の下で小作農としてこき使われていたらしく、怨みを抱いているようだった。

「あの生意気な屋敷を、俺たちもぶちこわしてやろうぜ。どうせ壊れるんだから、お手伝いしてやるんだよ」

「面白そうだな、やってみるか」

当時、荒木さんや友人は集団でバイクで暴走行為をしていたが、仲間の一人が事故死してしまい、荒木さんたちは喪に服す意味でしばらくバイクに乗るのをやめていた。好きに走り回れないことで、荒木さんたちは鬱憤《うっぷん》を募らせていた。

そんな時に、友人Aが、「解体のお手伝い」をして、鬱憤を晴らそう、と提案した。荒木さんと、解体屋のバイトをしていた友人Bが「そりゃいいねえ」と提案に乗った。

真夜中。

友人Aが車を用意し、友人Bが木製バットや大型バールを用意した。Bは、ヘッドライト付きヘルメットや防塵マスクまで三人分用意してくれた。

三人は車で解体中の屋敷に向かった。

屋敷は川沿いにあった。屋根はあらかた壊されており、メインの梁《はり》や柱も既に外されている。屋敷の庭に、外された木材や瓦礫《がれき》が積み上げられていた。

屋敷の隣には月極駐車場があったが、車は停まっていない。隣家は少し離れたところにあった。

少しくらい音を立てても、気づかれることはないだろう、と荒木さんは思った。

「もし近所の人が騒ぎ出したら、すぐ車に乗って逃げようぜ」

友人Aがそう言って、荒木さんと友人Bがうなずいた。

「下手な所を叩いたら、崩れて怪我するかもしれねえなあ」

友人Bが、ぶっ叩いても大丈夫そうな場所を指示した。

荒木さんはバットで頑丈そうな太い柱を思いきり叩いた。

反動で手がじんじんと痛んだが、普段の生活では味わえない爽快感があった。

友人Aが奇声を上げながら暴れはじめた。

「おい、近隣の人にバレて通報されたらヤバいだろ」

友人Bがそれをたしなめた。

防塵マスク越しに埃っぽい空気を吸い込みながら、荒木さんは汗だくになって打ち壊しに夢中になった。

おああ、おああ……。

突如、後ろから、ネコの鳴き声のようなものが聞こえた。

「おい、やめろって、気持ちわりいなあ」

荒木さんは笑いながら友人二人を見た。

二人の顔がこわばっている。

距離の離れた隣家から聞こえてきたようには思えなかった。

声の発生源は、この空き家の中だった。

「お前も聞こえたのか？」

「猫だろ」

「いや、赤ん坊の泣き声だ。あのあたりから聞こえた」

友人Bが、庭の方を指差した。

ヘッドライトの明かりの中で、無造作に積まれた木材や瓦礫が、少し動いた。

瓦礫の隙間に、小さな目が現れた。

白目部分が真っ赤だった。

おああ、おああ、おああ、おああ、おああ……。

それは、闇の中から這い出してきた。

大きな木材を、頭でぐいと押し上げながらどけていく。

木材や瓦礫がこすれ、ぶつかり、闇の中で埃が舞った。

荒木さんたちのいる方にゆっくりと向かってくる。

赤い目は、荒木さんをじっと見ていた。

三人は悲鳴を上げながら車に戻った。

荒木さんはそれ以降も二人と何度か会うことはあったが、三人とも、あの空き家での出来事を口に出そうとはしなかった。


それからおよそ三十年後。

荒木さんは老母の暮らしている実家に帰った。

三十年前は、父と母との関係がこじれていたせいもあって、荒木さんは母とろくに口をきいたことがなかった。

だが、今では親の苦労が理解できるようになり、母とも穏やかに話ができるようになっていた。

昔話のついでに、三十年前に解体された屋敷について母に訊いてみた。

「ああ、あの屋敷か。嫁さんが気が触れてしまって家を出たとか、子供の数がいつの間にか減ってた、とか、色んな噂があったよ」

母は苦い顔をしながら教えてくれた。

今でも、その屋敷の跡地にできたアパートからは、時々、どこからともなく赤ん坊の声が聞こえるという。

連れの女

吉野《よしの》さんは土曜の昼に、近くにある馴染みの喫茶店で煙草を吸いながらコーヒーを飲むことを習慣にしている。

喫煙者にますます厳しくなる風潮の中で、その店は吉野さんにとっての貴重な癒しの場になっていた。

白いシャツと蝶ネクタイの似合う七十代のマスターも、ヘビースモーカーだった。

店内ではレコードプレーヤーから古き良きジャズが流れ、レトロなランプがオレンジ色の薄明かりで店内を照らしている。

今から四ヶ月ほど前。

土曜日の昼下がり、喫茶店内には吉野さん以外に客はいなかった。

吉野さんが文庫本を片手に煙草をくゆらせていると、見知らぬ男が店に入ってきた。

背の低い、額が後退した中年男。はじめて見かける客だった。

その男の後ろから、つばの広い麦わら帽子をかぶった、花柄の白いワンピースを着た女が入ってきた。

帽子に隠れて女の顔は見えなかったが、すらりと長い腕の白さと肌のみずみずしさからすると、若い女のようだった。

二人は吉野さんの二つ隣のテーブル席に座った。

女は中年男と向かい合い、吉野さんに背を向けた形で座り、麦わら帽子をテーブルの隅に置いた。二人は楽しそうに話しだした。

マスターが柔和な笑顔で彼らのテーブルに来て、水を一つだけ、中年男の前に置いた。

おかしいな、と吉野さんは思った。マスターはいつも、二人連れの客には同時に水を持ってくるのだが。

中年男は自分と女を指差しながら、険しい顔でマスターに向かって何かを言った。

マスターは少し首をひねりながらも、笑顔を崩さず、中年男の注文を聞いて、カウンターの方に戻った。

中年男の視線を感じて、吉野さんは文庫本に目を戻した。

しばらくして、マスターが彼らのテーブルに向かうのが見えた。

トレーには、エスプレッソ用の小さめのカップが二つ載っている。

中年男が少し大きめの声を出しながら、何事かをマスターに抗議しているようだった。

吉野さんは文庫本から視線を上げて、男の方に目をやった。

苛立った様子の中年男が、自分の前に二つ並べられたカップの一つを、女のいる方に動かしていた。

今日のマスター、らしくないなあ、ちょっと調子が悪いのかな。

そう思いながら、吉野さんは二人のテーブルの方を見ていた。

女が、横に立つマスターの方を向いた。

吉野さんは女の横顔を見て、う、と声を漏らした。

女は不自然なほどに眼を見開いていた。さらに、真っ赤な舌をだらりと出している。

一瞬、マスターを馬鹿にするための顔なのかと思った。だが、女の眼と舌は固まったかのように動かない。

マスターは軽く頭を下げてカウンターに戻った。

中年男は不機嫌そうな顔のまま、女と何かを言い交わし、エスプレッソコーヒーを一気に飲み干した。

それからカップを苛立ち気味にテーブルに置いて、女にうなずきながら、女の近くにあるカップも手に取り、それも飲んだ。

中年男は女と一緒に立ち上がり、会計を済ませて店を出て行った。

吉野さんは文庫本を閉じて、カウンターにいるマスターに近づいた。

「さっきのお客さん、何だったんですか？」

「いやまあ、たぶん、酔っぱらいだね。なんで水を二人分持ってこないんだ、って怒ってた。あとでお連れ様でも来るんですか、って訊いたんだけどね、ここに彼女がいるだろ、って、目の前を指差したりして。まるで二人連れで来てるようだったなあ。コーヒーも二つ頼んでたし」

「え、二人連れだったじゃないですか」

マスターは不思議そうな顔をした。

吉野さんは振り返り、二人がいたテーブルを見てみた。

女がいる。

さっき中年男と一緒に店を出たはずの女が、さっきと同じ場所に座っている。両眼を見開き、舌を出して、吉野さんを見ていた。

右耳から、コーヒーと同じ色のどろりとした液体が垂れている。

「だ、だ、誰ですか、あれ？」

吉野さんがマスターの方を見て、もう一度テーブルを見ると、女は消えていた。

それから二ヶ月後。

喫茶店の近くのマンションで自殺未遂騒ぎがあった。

マスターの知り合いが、救急隊員に運び出された男を目撃していた。どうやらあの、額の後退した中年男のようだった。

後にマスターから聞いた話によれば、中年男の住んでいたその部屋では、以前にも若い女性の自殺があったらしい。

「それでね、昨日もその喫茶店に行ったんですけど、マスターが変なことを言ってきたんですよ」

吉野さんのいるテーブルに、マスターが水を二つ置いた。

なんですかこれ、と吉野さんは訊いた。

「そちら、お連れ様でしょ」

マスターは吉野さんの前の誰もいない席に顔を向けた。

その席に置かれたコップが、ススス、と動いたという。

読書会

大学生の若村《わかむら》さんは、古本を扱うブックカフェで、函《はこ》の装幀が豪華な本を見つけて、心惹かれた。

本屋で文庫版を見つけたら買おうかな、と前から思っていた、昭和の文豪が書いた有名な作品だった。

値段を見ると、百円だった。

函から本を取り出して、ページをぱらぱらとめくってみる。

中身に書き込みは見当たらず、かび臭さはほとんどない。染みや変色もそれほど目立たないものだった。

これで百円なら安いな、と思いながら、若村さんはその古本を買って帰った。

夕方。

その古本を読もうとした時、本の後ろの方に栞《しおり》が挟まれていることに気づいた。

紫色のすみれが水彩画タッチで描かれていた。

綺麗な絵だな、と思いながら、栞の裏を見た時、ぎょっとした。

真っ白なはずの裏面に、茶色い点々が付着している。

鉄錆のようなにおいが漂ってきた気がして、これは血だな、と思った。

気持ちの悪い栞が挟まったままでは読書に集中できない。

若村さんは栞をゴミ箱に投げ捨てて、読書を始めた。

だが、茶色い点が脳裏にちらついて、なかなか小説の世界に没頭できない。

若村さんはゴミ箱を覗いてみた。

いつも食べているお気に入りのレトルトカレーの箱の横で、栞が不気味な存在感を放っていた。

栞を何回か折り畳んで、そのカレーの箱に入れると、箱の開封部分も折って閉じ込めた。

再びゴミ箱に戻すと、手をよく洗ってから読書を再開した。

すると、嫌な気が封印されたような気がして、読書に集中できた。

その日の夕食に、若村さんは自分の部屋で、お気に入りのレトルトカレーを温めて一人きりで食べていた。

くちゃ、くちゃ、くちゃ。

咀嚼《そしゃく》音のようなものが聞こえてくる。

若村さんは口の動きを止めて、口の中のものを飲み込み、耳を澄ました。

くちゃ、くちゃ、くちゃ、くちゃ……。

やはり、聞こえる。

歯が何本か欠けた、顎の力の弱い老人が、自分の隣で自分と同じカレーライスを食べている映像が脳裏に浮かんだ。

不気味だったが、なぜか、少し懐かしい感覚があった。

カレーを食べた後、若村さんは本を読み終えると、いつものように、感想をスマホのメモアプリに書き込んだ。

「そういうよみかたも、あるよなあ」

頭の中で、老人の声が聞こえた。聞き覚えはないが、優しい声だった。

その次の週。

若村さんは馴染みのブックカフェを再び訪れた。

店主の暇を見計らって、先日買った豪華装幀本について、どんな経緯で買い取ったのか、店主に訊いてみた。

「ああ、あの本は、私の知り合いのご老人から引き取った本ですよ」

その老人は、自分が死んだら本をまとめて引き取って欲しい、できればちゃんと読んでくれそうな人に売って欲しい、と言い残していたという。

築四十年の安いアパートで、頼れる身寄りもいないまま、ひっそりと亡くなった老人だった。朝も夜も、レトルトカレーばかり食べていたらしい。そのカレーは、若村さんがよく買うメーカーのカレーだった。

若村さんは、その老人が遺した別の古本も買うようになった。

古本の中から栞を見つけたら、捨てずにレトルトカレーの箱に入れて、本棚の上に置いておくことにした。

一人きりの部屋で、読んだ古本の感想をつぶやく。すると、頭の中で老人の声が聞こえてきて、本の感想を語り合うことができるという。

「最初は怖いなあと思ったんですけど、その声を聞いてると、自分は一人じゃないんだな、って思えるんです。読書中に時々、なぜか鉄錆《てつさび》のにおいが漂ってくるんですけど、それすらも、なんだか懐かしいんですよ」

若村さんは穏やかな顔で笑う。

口の中の眼

半年前、狭山《さやま》さんは右上の奥歯に虫歯ができた感じがして、近所の歯科医に行った。

ちょうど恋人と喧嘩した翌日で、気分がムカムカしていたという。

担当したベテランの歯科医は、言葉遣いは丁寧だったが、少し手つきが荒いように狭山さんは感じていた。

「ああ、上の前歯の裏も、ちょっと黒くなっちゃってますね。見てください」

歯科医はそう言いながら、細長い柄の先に付いた小さな丸い鏡を狭山さんの口の中に入れてきた。

その鏡を見た時、狭山さんは悲鳴を漏らした。

上の前歯を支える歯茎が、ぷっくりと白く膨らんでいる。

それが、目蓋や睫毛《まつげ》の付いた、どこかで見た覚えのある誰かの眼になっていった。

狭山さんと目が合ったことに気づいたかのように、その眼はゆっくりと二度、まばたきをした。

「どうかしましたか」

歯科医は呑気な声でいう。

狭山さんが歯科医の表情を見て、丸い鏡に視線を戻すと、口の中の眼は消えていた。

「前歯の歯茎、変じゃなかったですか」

「歯茎……腫れてるようには見えませんが、痛みがあるんですか？」

「いえ、痛みとかではないんですが」

歯科医には、さっきの眼は見えていなかったようだ。

虫歯への対処が終わり、受付前で治療費の支払いを待つ間、狭山さんは舌先で前歯の歯茎を舐め続けていた。

さっき見た眼は、誰のだったっけな。奥二重で、切れ長の……。

支払いを終えた時、誰の眼だったのか、思い出した。

大学の時に付き合っていた、元恋人の左眼だった。

付き合ってから三ヶ月くらい経った頃、睫毛が入っちゃったから取って、と女から言われて、変わった子だな、と思いながら左の白目部分を舌先で舐めてやったことがあった。

歯科医院を出た直後、スマホに着信があった。

その「眼」の女からだった。

「ねえ狭山君、大丈夫？」

女はいきなりそう言ってきた。

「大丈夫って、何が？」

「あなた、泳ぎの下手な子供が犬かきするみたいに、両手をばたばた動かして、感情的になってたから。あ、私、昨日ね、あなたを夢の中で見たのよ。もう電話はしない、ってあなたには言ったけど、どうしても心配になっちゃって」

狭山さんは昨日のことを思い出して、ぞっとした。

狭山さんが、現在交際中の恋人の浮気を疑って問い詰めたところ、彼女は開き直った。頭に来たので、彼女に向かって大声で怒鳴りながら、手振りを交えて感情的に言葉を放っていた。

だが、なぜそれをこいつが知ってるんだ？

今、電話で話している昔の女が、付き合っていた当時、束縛が強かったことを思い出した。

スマホを気づかないうちに乗っ取られて、昨日の喧嘩もカメラ越しに見られていたのだろうか。

いや、そんなことはありえない。そもそも、喧嘩していた時、スマホはジャケットのポケットの中に入っていたのだ。

声を盗聴されていたとしても、手振りまで相手に知られるとは思えない。

「……なんで知ってるんだよ？」

前歯の歯茎の裏のあちこちを舌先で押しながら言った。

丸みのある部分に、いつもとは違う感触を覚えた。

「え、やっぱりそうだったんだ。当たっちゃったな。やだ、くすぐったいよ」

「眼」の女はそう言いながらクスクスと笑った。

狭山さんは歯茎を舐めるのをやめた。眼を舐めてしまったのかと思い、ぞわりとした。

右の人差し指を口に入れて、上の前歯の歯茎の裏を探った。眼の膨らみは消えていた。

「君は……俺を見てたのか？」

「え？　ああ、うん、夢の中でね」

「眼」の女は嬉しそうに笑った。

「あのさあ、君と別れる時に言ったけど、もう二度と電話をかけてこないでくれ」

狭山さんは女の返答を待たずに電話を切った。

それから、彼女からの連絡は一切ないという。

「でもたぶん、口の中からずっと見られてるんですよ。今の恋人とは仲直りできたんですけど……時々、口の中に違和感を覚えることがあって。元カノの眼を思い出して、あいつに見られてるのかな、って気になっちゃうんすよね。今度、歯茎に眼が現れたら、ボールペンで突いて潰してやるつもりです。舌先だと、どんなに力を入れても潰せないみたいなので」

そう言いながら、狭山さんは口の周りをもごもごと動かした。

緑のおばさん

智子《ともこ》さんが小学二年生だった時。

朝のテレビ番組に夢中になっていたら、学校に遅れそうになってしまった。

早く行きなさい、と母親から怒鳴られ、家を飛び出した。

通いなれた通学路を、全速力で走る。

横断歩道の向こうに、見知らぬ「緑のおばさん」が立っていた。

「緑のおばさん」は、交通安全のシンボルカラーである緑色を身につけている女性の通称だ。正式名称は学童擁護員という。

その女性は、薄緑色のつばの広い帽子をかぶり、黄緑色のレインコートを着ていた。

背が高く、ほっそりとした女性だった。両手に白手袋をはめているが、なぜか黄色い旗は持っていなかった。

信号が青で点滅していたが、智子さんは走って横断歩道を渡った。

緑のおばさんが智子さんの方に走り寄ってきた。

怒られちゃう、と思いながら、智子さんはおばさんの目を見て、ごめんなさいと言った。

急に手を掴まれ、ひねられ、智子さんはひっくり返った。

コンクリートに尻をしたたかに打ち付けて、智子さんは痛みにうめいた。

ばさりという音がした。

黄緑色のレインコートで自分の体が覆われるのがわかった。

顔がコートに覆われる寸前、おばさんが穏やかに微笑むのが見えた。

「お友達になってね」

おばさんがつぶやいた後、智子さんの視界が暗くなる。

直後、クラクションが何度も響き渡った。

智子さんは渾身の力を振り絞って立ち上がり、目の前に迫ったトラックをかろうじてよけた。

おばさんは姿を消していた。

車道に残されたつばの広い帽子とレインコートが、トラックにぐしゃりと踏まれる。

智子さんは恐怖に震え、泣きながら学校に早足で急いだ。

クラスに着くと、「朝の会」がすでに始まっていた。担任教師は智子さんを叱ろうとしたが、泣き続ける智子さんを見て、どうしたの、と心配して、保健室に連れて行ってくれた。

智子さんは泣きながら、自分が出くわした出来事について、担任に伝えた。

次の日。

「学校だより」に、「見知らぬ緑のおばさんに注意してください」と注意を促す文章が載った。しかしそれ以降、智子さんの通っていた小学校の通学路には、その謎のおばさんが現れることはなかった。

市内の公立中学に上がって、智子さんはクラスメイトたちに、見知らぬ「緑のおばさん」の話をしてみた。すると、「薄緑色のつばの広い帽子の女」は、同じ市内の他の小学校にも何度か出現していたことがわかった。

子供を引きずり倒しては、「お友達になってね」と呟く女。事故で子供を失った母親が、道連れを探している、と噂された。

それから二十年経った今でも、その地域の子供たちの間で、その「緑のおばさん」の噂は流れている。

智子さんの友人によれば、とある写真共有ＳＮＳサイト上で、路上で黄緑色のレインコートをかぶせられた子供たちの写真が時々アップロードされては削除されているという。

雨の少女

恭子《きょうこ》さんが大学一年生だった時の話。

その日は早朝から強い雨が降っていた。恭子さんは傘の柄を両手で握りながら、実家から最寄り駅へと急いで向かっていた。

「すみません、山上病院はどこですか？」

恭子さんが傘を上げて声のした方を見ると、少女が困ったような顔をしている。

紺色のスカートと丸襟のブラウスを着た少女は、ずぶ濡れだった。

右手に松葉杖を握っていて、右足をかばうように少し浮かせている。

恭子さんはかわいそうになって、傘を差し出した。

少女は首を振った。

「いいんです。それより、山上病院はどこでしょうか？」

恭子さんは約二十年その町に住んでいたが、そんな名称の病院を聞いたことがなかった。

「山上病院……ごめんなさい、ちょっと聞いたことがないんだけど」

そう言いながら、恭子さんはバッグの中に手を突っ込んで、折り畳み傘を取り出して、渡そうとした。

少女は突然、左手で恭子さんの右手首をぐっと握ってきた。

その手には、何かを恭子さんの手に刻もうとするかのような強さがあった。

少女の目が充血していた。雨でよくわからないが、泣いているようにも見える。

「傘はけっこうです。ごめんなさい、本当にごめんなさい」

少女の言動の意味がわからず、恭子さんは呆気にとられていた。

少女は恭子さんから手を離すと、松葉杖をつきながら横断歩道を渡り始めた。

歩行者用の信号は赤いままだった。

白いワゴン車が少女のいる方に向かってくる。クラクションも鳴らさず、減速もしない。

危ない、と恭子さんが叫んだ直後、少女の姿が消えた。

大学から帰宅した恭子さんは、朝に出会った少女のことを思い出した。

「ねえ、山上病院って知ってる?」

夕食の時、母に訊いてみた。

「山上病院……ああ、昔このあたりにあった山上外科医院のこと? あなたが生まれる前に潰れちゃったけど。どうして?」

いや、別に、と恭子さんは答えを濁した。

ケガをしたずぶ濡れの少女に話しかけられて、彼女が突然消えた、などと言っても、母に笑われるだけだと思ったからだ。

その日の午後十時過ぎ。

恭子さんの携帯電話に、当時付き合っていた彼氏の姉から電話がかかってきた。

彼氏が、友人と一緒にバイクを走らせていた途中で事故に遭い、意識が戻らない、と知らされた。

「ごめんね、バイク馬鹿のあいつのせいで心配かけちゃって」

彼氏の姉は恭子さんに申し訳なさそうに言った。

「そういえば、ちょっと変なことがあったのよ。あいつの部屋に着替えを取りに行ってやったんだけど、なぜかテーブルの上がびしょ濡れで。何だろう、と思ってたら、首に水滴が落ちてきて。うわ、って言いながら見上げたんだけど、雨漏りしてるわけでもなくて。あれ、なんだったんだろう」

突然、恭子さんの右手首が見えない何かに締め付けられた。

あの日の朝に出会った少女のことが頭に浮かぶ。

首の後ろがぞわりとした。指で触ると、濡れていた。

恭子さんは、あの少女のことを彼氏の姉に話すかどうか、迷った。

「話さなくていいわよ」

受話口から知らない女の声がして、彼氏の姉からの通話が切れた。

恭子さんは怖くなって、しばらくの間、部屋を明るくしたまま寝るようにした。三日に一度くらいの頻度で、恭子さんは恋人の病室に見舞いに行った。

およそ十日後。

恭子さんの恋人は意識を取り戻した。

心配かけてごめんな、と彼は恭子さんに謝ってきた。

「あの日、バイクで山道を走ってたら、いきなり木陰から女の子が飛び出してきて、慌てて急ブレーキをかけて、倒れちまったんだ」

彼氏によれば、その少女は、紺色のスカートと丸襟のブラウスを着ていた。

当時、山道の周りでは雨など降っていなかったのに、その少女はなぜかずぶ濡れだったという。

夜の蛙

啓太《けいた》さんが小学校三年生だった頃。

夏休みに、父母と一緒に、父方の祖父母の家に行った。

北関東にある、田んぼの広がる町にその家はあった。祖父母に会うのは一年ぶりだった。

電車を降りて駅を出ると、祖父がワゴン車で迎えにきてくれた。

夏の陽光が青々しい田んぼに降り注いでいる。

ゲッゲッゲッゲッ……という蛙《かえる》の声があちこちから聞こえてきた。

今年は蛙の数がやたらと多いんだよなあ、と運転席の祖父が言った。

祖父母の家は、和風の広い一軒家だった。

祖母は優しい顔で啓太さんを迎えてくれた。大きくなったねえ、と嬉しそうに言う。

着いた日の夕方には、出前の寿司が出てきた。

祖母は啓太さんの好きな寿司ネタを覚えていて、さび抜きの握りを用意してくれていた。

みんなでテレビを見ていると、テレビゲームのＣＭが流れていた。

家のテレビゲームをやりたいな、と思ったが、祖父母の家にはゲームがなかった。

「ああ、ゲームをやりたいなあ」

啓太さんが呟くと、ゲームばっかりやっちゃだめよ、自然の良さも楽しみなさい、と祖母が言った。

祖母は啓太さんではなく母の方にきつい視線を向けた。母が申し訳なさそうな顔をする。

啓太さんが風呂に入っている時、廊下で祖母が母に小言を言っているのが聞こえてきた。

子供にゲームばっかりさせたら駄目よ、と言っているようだった。

夜中。

オレンジ色の薄明かりの中で目を開けると、隣で寝ている母が目をつぶったまま涙を流しているのが見えた。

「母さん、どうしたの、だいじょうぶ?」

啓太さんは小声で言ってみたが、母は応えない。

さっきおばあちゃんに色々言われたから、つらいのかな、と啓太さんは思った。

蛙の声がうるさくて、啓太さんはなかなか眠れなかった。

手で両耳を塞ぐと、蛙の声がやわらいだ。間もなく意識が薄れていった。

翌朝。

祖母の作った薄味の朝食を食べた後、啓太さんは近くの田んぼに向かった。

空は晴れ渡り、吹き抜ける風が涼しい。

あぜ道に、力なく跳んでいた小さなアマガエルがいた。父母と住んでいる街ではなかなか見かけないものだった。

啓太さんはふいに、祖母と母の間に漂っていたピリピリとした雰囲気を思い出して、胸が痛くなった。テレビゲームができない苛立ちもあった。

啓太さんは泥だらけのスニーカーであぜ道を歩き、蛙を思い切り踏みつけてみた。

ぺちゃ、という感触があった。泥にまみれたアマガエルが、腹の中身をぶちまけて潰れている。

周りを見渡す。誰も見ていない。

あぜ道の先に、また一匹、小さな蛙を見つけた。走り寄って、踏みつぶした。自分が興奮と充実感でゾクゾクしていることに気づいた。

草の陰や泥水の中にも蛙がいる。踏みやすい所に蛙を追いやってから、次々に潰した。

日が暮れてきて、そろそろ帰ろうかな、と啓太さんは思った。

その日の夜。蛙の声は相変わらずうるさくて、なかなか眠れなかった。隣の父と母は、寝息を立てている。

昼間あんなに潰してやったのになあ。

啓太さんが溜め息をつくと、障子《しょうじ》がふわっと明るくなった。

青白い光が、廊下の向こうから近づいてくる。

啓太さんは息苦しさを覚えた。父親を起こそうと思ったが、怖くて体を動かせなかった。

ぴた、ぴた、ぴた、ぴた。

廊下で小さなものが跳ねているような音がする。

蛙が家に入ってきたのか。昼間に潰したあいつらかな。

そう思った直後、スッと乾いた音がした。啓太さんは眼だけを動かして、音の方を見た。

障子紙が破れて、そこに白くて薄い唇がある。若い女の唇かな、と啓太さんは思った。

ゲッゲゲッゲゲッ……。

唇から、蛙の声が漏れてくる。

わっ、と啓太さんは小さな悲鳴を漏らした。

障子紙があちこちやぶれて、白い唇が次々に覗く。蛙の声が部屋の中に満ちていった。

ようやく、啓太さんの体が動くようになった。

「ねえ、お父さん、大変だよ」

壁の方を向いた父の体を揺さぶる。

しばらくすると、父がようやくこっちを向いた。父の顔が、大きな蛙の顔になっていた。

啓太さんは気を失った。

翌朝。

啓太さんは母親の怒った声で目を覚ました。

「夜中、障子紙を破ったでしょ」

目をこすりながら、啓太さんは上体を起こした。

「それ、僕じゃないよ。夜中、蛙がやったんだ」

啓太さんはそう言いながら、布団から出て立ち上がった。

「何バカなこと言ってるの……まあ、どうしたのよそれ」

啓太さんは、自分の首から下が泥だらけになっていることに気づいた。

朝食の食卓で、母は祖母に、啓太さんがパジャマと布団を汚してしまったことを詫びた。

啓太さんは、昨夜体験した出来事を祖母に語ってみた。

もう、変な言い訳しないの、と母は呆れていた。だが祖母は、啓太さんの話を否定しなかった。

「啓太、蛙を潰したろ。そういうことをしたら、駄目だってことだよ」

祖母がお茶を飲みながら言った。

祖母の口の中に、キュウリのような色の小さな蛙がいて、啓太さんを見ていた。

「おばあちゃん、蛙が……」

啓太さんはそう言おうとしたが、祖母は蛙を飲み込んでしまった。

その二年後、祖母は亡くなった。

現在、大学生の啓太さんは、都内のアパートで一人暮らしをしている。

周りに田んぼなどはないが、時々、蛙の鳴き声が聞こえてくる。その声が聞こえてくると、金縛りになってしまう。

啓太さんは、絶対に目を開けないぞ、と自分に言い聞かせる。

目を開けてしまうと、潰れた巨大な蛙のような祖母の顔が眼前に現れるのだという。

寝言録音

「寝言がすごいね」

電機メーカーで派遣社員として働いている紗智子《さちこ》さんは、交際二ヶ月目の彼氏からそう言われてしまった。

「ごめんね、起こしちゃった?」

「いや、いいんだけど。心配になっちゃって。疲れがたまってるんじゃないの?」

「私、どんな寝言を言ってた?」

「うーん、なんというか……説明しにくいなあ。自分で聴いてみた方がいいと思う」

紗智子さんはその後も彼氏に寝言の内容をしつこく訊いた。

彼氏は言葉を濁し続けた後、寝言録音用のアプリを勧めてきた。睡眠中、起動し続けると、寝言だけを録音してくれるという。音を波形で表示してくれるサービスもあって、波の高い所を再生すれば、自分の寝言を聴けるという。

紗智子さんは一人暮らしだった。

夜。寝言録音用アプリを使って、もし不気味な音が録音されてしまったらどうしよう、と不安になり、アプリを使う前に彼氏にメールしてみた。

もし怖くなったら、俺に電話してきてもいいよ、と彼氏はメールで伝えてくれた。

紗智子さんは彼氏の言葉に安堵を覚えた。アプリを起動しっぱなしにしたまま、ほとんどいつも通りの時刻に眠りにつくことができた。

その次の日は、仕事が休みだった。

昼間のうちに聴いちゃえば、どんなことでも怖くはないだろう。紗智子さんはそう思い、アプリで録音された音声を再生し、イヤホンで聞いてみることにした。

まずは最初の「波の高い所」を聴いてみた。ザラザラというノイズの中で、自分の高いびきが聞こえてきた。

こんなものを彼氏に聴かれていたのか、と恥ずかしくなる。二番目、三番目に録音された音声も、いびきだった。

四番目の音声は、今までのものとは波長が違った。録音時間も長い。

「……だよ……いだよ」

なじみのない声が聞こえてきた。声が少しずつはっきりしてくる。

「かったせいだよ……がぶつかったせいだよ……おまえがぶつかったせいだよ」

異様に低い、自分の声だった。友達とカラオケに行く時に自分がふざけて低い声で歌う時の声に似ているような気もした。

不意に、脳裏に、路上で倒れこむ老人の姿が浮かんだ。十年前、中学への通学の途中で、ぶつかった老人。

あの時は、遅刻ギリギリで急いでいた。ごめんなさい、と言って、走り去ってしまった。私は悪くない。老人がヨロヨロと歩いていたのが悪いんだ。そう思い込んで、罪悪感を拭って、蓋をした記憶だった。

「おもいだしたか」

自分のすぐ後ろで声が聞こえて、紗智子さんはイヤホンを外して振り返った。

誰もいない。だが、気配はあった。昔の防虫剤と尿のにおいが鼻腔の奥に入り込んでくる。

スマホからすぐにアプリを消した。

それ以降、紗智子さんは電気を消して寝ることができなくなった。

あの時、私とぶつかったせいで、あの老人は亡くなってしまったのだろうか。

誰かと話して、記憶を分かち合えば、怖さが減るかもしれない。だが知られたくない過去だった。彼氏にも相談することができなかった。

その数日後。

突然、彼氏から電話で別れを切り出された。

「いきなりどうして。理由を教えてよ。考え直してほしい」

紗智子さんは懇願したが、彼の反応は冷淡だった。

「君が、あんな人間だとは思わなかったよ。悪いのは、あの老人じゃなくて、君の方だよ」

それが彼氏からの最後の言葉だったという。

予言

大学院生の加瀬《かせ》君は論文執筆に追われていた。

大学で資料と格闘し、家庭教師のバイトを終えて、ヘトヘトになって帰宅し、コーヒーを何杯も飲みながら深夜まで粘っていた。

机の上には、大学図書館で借りてきた、何冊もの分厚い専門書があった。

資料引用を正確に行いながら、新規性のある論文を書き上げなければならない。

専門書には、ビニールシートのような独特のにおいが染み付いている。

図書館の地下階にある、灰色の電動式移動書架に置かれていた本だった。

専門書は高価なもので、汚してしまったら弁償しなければいけない。

コーヒーカップを持つ手も慎重になった。

コーヒーを飲み干し、ノートパソコンで論文の続きを書こうとした時。

——おわおわあぁ。

突然、部屋の外から声がして、加瀬君は驚いた。

コーヒーカップが傾き、危うくこぼしてしまうところだった。

——おわお。おわおわあああお。うやああぐおおわお。

どうやら、さかりのついた猫が二匹、鳴き交わしているらしい。

うっせえなあ。

加瀬君は舌打ちしながらヘッドホンを着けて、お気に入りの音楽を聴き始めた。論文執筆に集中しようとしたが、猫の声がさらに激しくなった。

音楽の音量を上げて、猫の声を耳から追い出そうとする。

だが、今度は音量が大きくなり過ぎて、論文に集中できなくなった。

くそ、猫の分際で邪魔しやがって。

加瀬君はヘッドホンを外した。

まだ猫はやかましく鳴き交わしている。

驚かせて、追い払ってやろう。

午前一時を過ぎていた。近所迷惑にならないように、一発で済まそうと思った。

いきなりカーテンを開いて窓を開け、コラッ、と短く怒鳴った。

ぎゃわうわ、と二匹の猫が逃げていった。

二時間ほどして、論文が一区切りついた。

明日の大学での講義のために、そろそろ寝ておこうと思った。

眠るために少し酒を呑んで、ベッドに横になる。

また部屋の外から猫の鳴き交わす声が聞こえてきた。

――ああうお。あああうお。あああああうお。

さっきの二匹のうち、声の高かった方の猫のようだ。

メスの方かな、と加瀬君はなんとなく思った。繰り返し、同じ声を発している。

猫の声を聞いていると苛立ったが、酒のせいか、だんだんと眠くなり、やがて意識が途切れた。

翌日。

加瀬君は新しい資料を借りるべく、大学図書館の地下階に向かった。

地下階は、いつものように塩化ビニールの不快なにおいがする。ここには膨大な資料を保管するため電動式移動書架がびっしりと並んでいて、五つの書架ごとに一つ分のスペースが空いていた。

読みたい資料の置いてある書架をあらかじめ端末で調べて、電動スイッチを押して書架をスライドさせることで、目当ての資料を取りに行くためのスペースを作り、取り出す形になっていた。

加瀬君は狭い所が苦手だった。

書架の中程にある資料を取るために狭い書架をスライドさせ、そのスペースに体を入れる時、ふと怖さに襲われる。

自分の存在に気づかれずに他の誰かがスイッチを押して書架を動かしてしまったら、書架の間に挟まれて死ぬのではないか、と心配になってしまうのだ。

というのも、地下階のビニールくささについては、ある噂があった。

十年ほど前、地下階の電動式書架で挟まれて死んだ学生の血のにおいをごまかすために清掃員がばらまいている物質のせいだ、というものだ。

だが、怖いなどと言っていられない。論文提出の日は迫っていた。

地下階には、他に誰もいないようだった。

目当ての資料を取り出すために、加瀬君はスイッチを押して電動式書架を動かした。

グウーン、と低いモーター音を発しながら、書架がゆっくりと動いていく。

狭い書架の間のスペースに素早く入り込み、分類記号を頼りに資料を探す。

加瀬君が資料を手に取った時。
グウーーーーン。
左の書架が迫ってきた。
「います。まだここにいます」
加瀬君は声を絞り出したが、停止スイッチは押されなかった。
加瀬君は息を呑み、書架の出口を目指した。
だが、脚が固まってしまい、思うように動かせなかった。
――ああうお……。
昨夜聞いた猫の声だった。
――ああうお。ああああるぞ。あさまるぞ。挟まるぞ。
脚がもつれ、倒れ込んでしまった。
資料を書架の外へと放り投げた。両手を使って這う。
左から迫る書架に脚を挟まれそうになったが、何とか脱出した。
地下階には、他に誰もいなかった。
加瀬君は資料を拾い上げ、急いで一階へと上がった。

図書館の係員に資料貸出手続きを頼んだ後、加瀬君は自分の体験を伝えた。何かの検査のために遠隔で書架を動かしたのかもしれない、と思ったからだ。もしそうだったとしたら、ちゃんと安全を確かめてからやってくださいよ、と係員に抗議するつもりだった。

だが、係員は不思議そうな顔をしていた。

加瀬君が興奮気味に詳しく状況を伝えていると、今お酒とか飲んでますか、と係員から訊かれ、胡散くさそうな目で見られた。ああ、これは理解されないな、と諦めて、加瀬君は図書館を出た。

それ以降、夜中、部屋の外で猫がうるさく鳴き交わしていても、追い払うことができなくなった。

「夜、部屋の外で、いろんな猫のつがいがやってくるんですけどね。どうもねえ、挟まるかあ、挟まるぞお、って鳴いてるように聞こえちゃうんですよね」

猫などいないはずの場所でも、時々そんな鳴き声が聞こえるようになったという。

釣った骨

後藤《ごとう》さんは土曜日の昼間、一人で釣りに行った。

木枯らしの吹きすさぶ、肌寒い日。寒さに堪えながら、川で鮎《あゆ》を二匹釣りあげた。

丸々と太った、脂の乗ったうまそうな鮎だった。自宅に帰って、塩を振ってグリルで焼いて食べることにした。予想以上に美味しくて、一匹をすぐに平らげた。

二匹目に噛み付いた所で、堅い感触があった。箸で身をほぐし、見てみる。

鮎のものではない、太い骨があった。関節のような部分もある。もしかしたら、鼠《ねずみ》とか、子猫か子犬の骨かもしれないな、まさか鮎が呑み込んだのかな、などと後藤さんは思いながら、ゴミ箱に捨てた。

次の日も、後藤さんはその川で釣りをした。

昨日と違って、温かい日だった。周りには他に釣り人の姿はない。

なかなか釣れなかった。日が少しずつ沈んでいく。

川のせせらぎを聞いているうちに、目蓋が重くなってきて、うとうとしてきた。

釣り竿を握る手に、ぐっと感触があった。後藤さんは川の中に浮かぶ竿の先に目をやった。

川面から小さな白い手が出てきた。後藤さんを手招きするようにふわふわと動いている。

小指部分が欠けている。後藤さんは、鮎の中から出てきた太い骨を思い出した。

悲鳴を上げて、意識を失った。

気がつくと、後藤さんはずぶ濡れになっていた。

「おい、だいじょうぶかい」

釣り用の赤いベストを着た白髪の老人が、心配そうな顔で後藤さんを見ている。

「手が、さっき、川から手が……」

後藤さんは、川面から出て来た手のことを話してみた。

老人はうなずきながら、後藤さんの話を聞いていた。

「この辺りは昭和の半ばに、子供がよく捨てられてたからね。気をつけなきゃ」

老人はそう言って立ち去った。

後藤さんはすぐに帰宅し、昨日、ゴミ箱に捨てた骨を拾い、近くの寺で供養を頼んだ。

その日の夜、夢の中で、後藤さんは見知らぬ幼児と会った。

穴だらけの白いシャツを着た、右手の小指が欠けた幼児だったという。

水道代無料

遠藤《えんどう》さんは大学生の頃に、友人と居酒屋で夕方からしこたま呑んだ後、友人の部屋に泊めてもらうことになった。

友人の住んでいた木造アパートは、築四十年、共同玄関、廊下の突き当たりに共同トイレ、という物件だった。友人いわく、家賃は付近の相場よりも安く、敷金も礼金も不要だったらしい。

遠藤さんがスマホでアラームをセットしていると、友人がコップを差し出してきた。

「おい。これ、寝付きがよくなるぞ」

友人は機嫌の良さそうな口調で言う。

呑んでみると、ひどく濃い焼酎の水割りだった。

「こんな濃いの、呑めねえよ」

「はは、わりいわりい。そこの蛇口で好きに薄めてくれ。水はいくら飲んでもいいぞ。このアパートじゃ、水道代はタダだからな」

ずいぶん気前のいいアパートだな、と思いながら、遠藤さんは蛇口をひねった。

コップに少しずつ水を入れていく。

透明な水の流れの中に、何か黒いものが混じった。

酔ってぼやけた視界の中で、その黒い何かは小さな海老《えび》か蟹《かに》のように見えた。

それは、たくさんの脚をもぞもぞと動かしている。脚が動くたびに、墨《すみ》のような物が溶け出していた。

コップの中の焼酎が、少しずつ濁っていく。

「うわ、何だこれ」

遠藤さんはコップの中身を流し台にぶちまけた。

「おい、何やってんだよ、酒、もったいねえだろうが」

後ろから、友人の怒ったような声が聞こえてきた。

「だって、水を出してたら、蛇口から黒い変な物が出てきて」

「はあ、変な物？　俺はここに半年住んでるけど、んなもん見たことねえぞ。見間違えじゃねえの」

友人に強く言われたので、酔ったせいで錯覚しただけか、と遠藤さんは思い、これ以上呑んだらやばいな、と思った。友人に布団を借りて、遠藤さんはすぐに眠りについた。

早朝。

窓の外からスズメの鳴き交わす声を聞いて、遠藤さんは目を覚ました。

尿意を催していた。友人を起こさないように、そっと部屋を出て、廊下の突き当たりにある共同トイレで用を足す。

トイレには手洗い用の蛇口が一つしかなかった。ハンドルをめいっぱいひねってみたが、水が出てこない。

しばらく様子を見ていると、蛇口の中から、シャリシャリというかき氷を削る時のような音が聞こえてくる。

寝る前に見た、コップの中の黒い海老のような物を思い出して、遠藤さんはぞっとした。

トイレから友人の部屋に戻ろうとした時、隣の部屋から人が出てきた。

スーツを着て髪をワックスでセットした若い男だった。朝早くから仕事に向かうようだ。

「おはようございます」

不審者だと思われないように、遠藤さんは明るく言って軽く頭を下げた。

「おはようございます」

スーツの男が挨拶を返してきた。

その男の口の中で、海老の裏面のように沢山の脚がもぞもぞと動いているのが見えた。

遠藤さんが小さく悲鳴を上げ、体を凍り付かせている間に、スーツの男はアパートの玄関から出て行ってしまった。

遠藤さんは慌てて友人の部屋に戻り、寝ていた友人を起こし、隣の部屋のスーツの男のことを話した。蛇口から出てきた黒い海老のようなものと、スーツの男の口の中にいたものを結び付けながら伝えたが、友人は遠藤さんを小馬鹿にしたような顔つきで聞いていた。

寝ぼけてただけだろ、と遠藤さんをあざ笑う始末だった。

隣に住む男は凄くいい人で、時々、作り過ぎた料理を友人に分けてくれるという。

「蛇口から変な物が出てきたら気をつけろ」

遠藤さんは友人に警告したが、友人は聞く耳を持たない。

その次の週のこと。

大学の喫煙所で一緒に煙草を吸っていた時、友人の口の中に「海老の脚」が現れた。

それ以降、遠藤さんは、その友人と距離をとっている。

綺麗な石

大介《だいすけ》さんは小学校三年生の夏休みに、祖父母の家の近くにあった河原で遊んでいた。様々な形の石が転がっている河原だった。

早朝、誰もいない河原で、大介さんは一人で水切りをして遊んでいた。

河原をふらふらと歩いて、形のいい平たい石を見つけては、アンダースロー投法で、手首の動きを工夫して回転をかける。

夏休みが終わったら、水切りで同級生に負けないようになりたかった。

三十分ほど石を投げ続けた後、大介さんは座り込んで休憩した。

ふと、足下に、平たい石が積まれていることに気づいた。

誰かが積んだのだろうか。積まれた石の一番上に、球に近い、珍しい形の黒い石があった。

水切りには使えないが、お気に入りの石のコレクションに加えたいと思い、ズボンのポケットに収める。

腕時計を見ると、朝食の時間が近づいていた。

大介さんは走って祖父母の家に戻り、丸くて黒い石を自分のバッグに入れた。

朝食を食べ終わった後、大介さんは急に眠くなった。体がだるい。熱を測ってみると、平熱よりも少し高かった。

「水切りに夢中になり過ぎたんじゃないの。ちょっと寝てなさい」

母親は呆れながら、大介さんの体調を心配してくれた。

布団につくと、大介さんはすぐに眠りに就いた。

目が覚めると、周りは既に暗かった。

大介さんはトイレに向かった。

家にいるはずの親や祖父母の気配がない。

廊下と玄関には明かりがついていた。壁掛け時計を見ると、九時だった。

玄関の三和土《たたき》に、両親と祖父母の靴がない。靴箱の上では、四角い水槽の中で金魚が三四、呑気に泳いでいた。

こんな時間に、みんなで出かけちゃったのかな、と不思議に思いながら、大介さんはトイレに入った。

用を足し終わり、布団のある部屋に戻ろうとした時。

「おーい」

玄関の方から、腹に響くような低くて太い声がした。家族の声ではない。

「わかるぞ」

大介さんは怖くなって、耳を塞ぎ、足音を殺しながら布団に戻り、目をつぶった。

「寝たふりをしても、わかるぞ」

また玄関から声がした。

大介さんは布団の中で悲鳴を押し殺した。

「来い。お前一人で来い。来いって言ってるだろ」

玄関からの声は、どんどん大きくなってくる。

「来い。来たら、終わるから」

大介さんは意を決して、布団から出ると、逃げ出すために勝手口に向かった。

勝手口のドアに手をかけた時、ドアの外から太い声がした。

「そっちは危ないぞ。玄関に来い」

大介さんは震えながら、そっと玄関に向かった。

靴箱の上にある金魚用の水槽が、普段の五倍ほどの大きさになっている。

水槽の中を見て、大介さんは絶叫した。

中には、父、母、祖父、祖母の頭部がぎゅうぎゅうに詰め込まれていた。

四人とも、顔は青白く、目は大きく開かれ、口はだらしなく開いている。

母は、大介さんが今朝拾った、丸くて黒い石を咥えていた。

父、祖父、祖母の口からは、飼っている三匹の金魚が出たり入ったりしている。

「おい！」

玄関ドアの外から、突然、怒鳴られた。

「ごめんなさい」

大介さんは即座に謝った。

「その石を、明日の朝、元の場所に戻せ」

「わかりました。ごめんなさい」

大介さんは頭を下げた。

ふっと意識がなくなった。

目が覚めると、朝になっていた。隣には、両親がまだ寝ている。

これが悪夢ってやつか、と思いながら、大介さんは玄関に向かった。

水槽の中に、あの黒い石があった。

大介さんは取り出した石を握って家を出て、河原に急いだ。

昨日見つけた、積まれた石を懸命に探して、ようやく見つけた。

黒い石を、元の場所に戻す。

「それは、供養の石なんだよ」

背後から、昨日聞いた太い声がした。

振り返ったが、誰もいなかった。

大介さんは帰宅して、体験したことを両親と祖父母に語った。

水槽の首のことだけは省略した。

「寝ぼけてたんでしょ」

母親はそう言って笑っていた。

「そういえば、あの川は、昔、子供が溺れたことがあったなあ」

祖父がボソリと言った。

「そうそうそうそうそうそう」

誰もいない空間から、悪夢の中で聞いた声がした。

碁石じじい

Tさんは高校生の時、カラオケボックスでバイトをしていた。

夏休みの、日曜日のある夕方。

バイトを終えたTさんは、近所のある場所に向かった。

橋の陰にあるその場所は、めったに人が通らない。暗くてじめじめしていて、ごみのにおいも漂っていたが、川面が夕日を反射してきらきら輝くのがきれいだった。

そこでのんびりと煙草を吹かすのが、バイト終わりの秘かな楽しみになっていた。

中学に上がった頃から、Tさんは煙草を吸っていた。

ヘビースモーカーだった父親の影響だったという。

父の書斎からくすねた煙草を根元まで吸って、吸い殻は喫煙所で拾った携帯灰皿に入れていた。

その日も夕日が綺麗だった。

二本目の煙草を吸おうとしたところで、後ろから声をかけられた。

「よう、にいちゃん、なかなか、見込みあるな」

煙草で枯れた声だった。

振り返ってみると、背の低い老人がニコニコと笑っている。

気持ちわりいなあ、とTさんは思った。

周りには砂利があるのに、近づいてくる足音が全く聞こえていなかったからだ。

老人はぼろぼろの藍《あい》色の浴衣《ゆかた》を着て、黒い鼻緒の下駄を履いていた。白髪を、ちょんまげのような形に結っている。

彼の左目の下には、碁石《ごいし》のような大きさのホクロがあった。

「なあ、にいちゃん、煙草よりいいもん、吸うか？　ぶっとく巻いてやったぞ」

老人は懐から、蚕《かいこ》の幼虫みたいな形をしたものを取り出した。

太めに巻いた手巻き煙草のようだった。

ヤバいドラッグかもしれない。

頭では警戒したが、Tさんの右手は老人の手のひらの方に伸びていた。

手巻き煙草からは、カレーのような美味そうなにおいがした。

自分の腹が、ぐう、と鳴るのを聞きながら、Tさんは老人の手のひらの上の手巻き煙草を掴んだ。

老人の皺だらけの右手の指の間から、魔法のようにジッポが現れた。

「思いきり、肺の奥まで吸い込むんだよ」

老人はそう言って、手巻き煙草に火をつけてくれた。

煙を吸い込むと、脳天を突き刺すような強烈なにおいがして、頭が真っ白になった。

老人の糞を鼻の奥まで詰め込まれたかのようだった。

Tさんは腹を押さえて咳き込んでしまった。

「はは、いいリアクションだな、ははははは」

老人は妙な笑い方をしながら、よろよろと歩き去った。

空きっ腹なのに吐き気が押し寄せてきて、Tさんはその場にしゃがみ込み、胃液を吐いた。

柔らかかった夕日のオレンジが、目に突き刺さるほどに鋭くなる。

ブウンという蚊の羽音が、いつもの十倍もの爆音で聞こえてきた。

やべえ。これ、先輩が言ってたバッドトリップってやつじゃねえか。

橋の陰の暗がりからは何が出てくるかわからねえ。

ここから逃げねえと。明るい場所、人が大勢いる場所に早く行かねえと。

急に恐怖に襲われ、Ｔさんは慌てて走り出した。

暗がりから早く逃れるために足を動かそうとするが、ぐるぐるバットをした後のように視界がぐわぐわと動き、なかなかその場から離れられない。

橋の陰の暗がりが急に重みと粘り気を帯び、泥に囚われたように脚が重い。

バシャバシャと、川の方から大型の魚が跳ねるような音がする。

夕日に目を刺されないよう、薄く開いた眼を川に向けると、中から男が這い出てくるのが見えた。

男は警察官の制服を着ている。ブハア、と言って首をブルブル震わせると、白髪混じりの髪から水が飛び散った。

男が顔を上げる。Ｔさんの父親だった。

そんな馬鹿な。オレのおやじの仕事は工事現場の監督のはずだ。

「よお、元気か。ちょっと警官になってみたんだ。昔、お前に話しただろ、本当は警官になりたかったんだよ、って」

そんなことを言う父の顔から、みるみる肌の色が失われていく。制服の袖から出た両手も、真っ白になってしまった。

「おやじ、なにやってんだよ」

「お前の彼女を連れてきたんだよ」

白くなった父はしゃがみこむと、足下の砂利を両手で取り除いて、右手で地面にチョップをした。

ドーン、という地割れのような音がした。

父は今度は右手の先で地面を突いた。右腕が、地面に吸い込まれるようにずぶずぶと肘まで入っていく。

なんだこれは。白昼夢ってやつなのか。

Tさんがそう思っていると、父はTさんの顔を見ながらうんうんうんとうなずいた。

「おおりゃああ」

父は地中に入った右腕を一気に引き上げた。

女が出てきた。

カラオケボックスで一緒にバイトとして働いているかわいい女子大生だった。

彼女は土まみれなのに、いつも通り、清楚な感じだった。

「お前たちに、これを見てもらおうと思ってなあ」

父は白い左手で腰のホルダーにあった拳銃を取り出すと、おもむろに左のこめかみに当てる。Tさんがあっと思う間もなく、父は引き金を引いた。

父の右こめかみから銃弾と一緒に血と脳漿《のうしょう》がブシャッと飛び出てくるのが、スローモーションで見えた。

周りの砂利が真っ赤に染まっていく。父がどさりと仰向けに地面に倒れこんだ。

かわいい女子大生は、血飛沫《ちしぶき》を浴びて、地面に倒れたTさんの父親を見ながらケラケラ笑っている。

逃げねえと。頭でそう思っても、Tさんの脚は固まったように動かなかった。

「ねえTくん、あたしもあなたのこと、好きよ。だから、ちゃんとお化粧したあたしの顔を見てみてね」

女子大生はそう言って、口の中に右手を突っ込んだ。

口の中から、折りたたみ式の剃刀《かみそり》が出てきた。

彼女はケラケラと笑いながら、自分の顔のあちこちを剃刀で切り裂き始めた。

高い鼻の丸い先端を切り取って口に入れて、くちゃくちゃと食べる。

口の両端を、耳まで切り裂いた。まずは左。そして右。

「おい、やめろって！」

Tさんは叫ぼうとしたが、声が喉に引っかかって出なかった。体も固まってしまっていた。

「あら、あなたもお化粧したいの？」

自分の右目を剃刀でえぐり出し終えた女子大生が、Tさんに微笑みかけ、近づいてくる。

喉元に燃えるような激痛を感じた。

切られた、と思った直後、Tさんは前のめりに倒れ込み、視界が真っ暗になった。

気がつくと、橋のたもとの砂利の上に倒れていた。

口と鼻の中からは、煙草のにおいがした。

体を起こして周囲を見渡す。近くの砂利は血に染まってなどいなかった。

厭な夢だったなあ、あのじじいの変な煙草のせいかな、と思いながら、ふらふらと立ち上がると、Tさんは家に帰った。

父親は、いつも通りの時間に帰宅してきた。

その次の日もバイトだった。

休憩中、バイト先の仲の良い先輩に、昨日出会った老人と妙な煙草について話してみた。

あの老人の左目の下にあった、碁石のようなホクロのことを言った時。

「え、それ、碁石じじいじゃねえかよ」

先輩が興奮気味に言った。

「先輩、そのじじいのこと知ってるんですか」

「昔から、このあたりの不良の間で有名な老人だよ。製薬会社の社員だった、って噂だ」

碁石じじいは、自分で調合したオリジナルドラッグを不良少年の体で試しては、少年の反応を楽しんでいた、奇妙な老人だったという。

「でも、碁石じじい、五年前に川で死んだんだけどな。うわあ、でもいいなあ、お化けでもいいからまた会いてえなあ。あのじじいの特製煙草、マジでぶっ飛ぶからなあ。お前、どこで会ったんだよ。何時頃だったんだよ。教えろよ、なあ、頼むよ」

普段は温厚な先輩が、目の色を変えて、Tさんの両肩を掴んで揺さぶってきた。

Tさんは先輩に「碁石じじい」に出会ったシチュエーションを詳しく語ってやった。

「よっしゃ、会いに行こうっと」

嬉しそうに先輩は言った。

次の日から、先輩はカラオケのバイトに来なくなり、音信不通になってしまった。

誤配達

「怖い実体験っすか。うーん……そういやあ一つだけ、あるっちゃあるんすけど。名前とか、色々変えてくださいね」

大学のバンドサークルでギターを担当している菅谷《すがや》さんは、半年前、ヤバい女に出くわしたという。

「俺が住んでるのは二階建てのボロいアパートなんすけど、そこにある時、エグいくらい可愛い子が引っ越してきて。しかも俺の隣の部屋に。でも嬉しかったのは数日だけでしたね」

美波《みなみ》という名前の女の子だった。

モデルのように手足が長く、栗色のショートボブがよく似合っていたという。

そのボロアパートの住民は、腰の曲がった初老の独身男や職業不詳の若い金髪男など、むさくるしい男ばかりだった。女性が引っ越してくるだけで驚きなのに、若い美女が住人になったとわかり、菅谷さんは内心浮かれていた。

彼女は早朝に部屋に帰ってきて、夕方に出かけてしまうようだった。

水商売関係の仕事をしているのかもしれない、と菅谷さんは思っていた。

彼女が引っ越してきてから五日後。

菅谷さんの部屋の郵便受けに封筒が届いた。

宛先の名前は美波になっていたが、部屋番号が菅谷さんの部屋になっていた。

裏には、女性の名前が書かれている。

美波の友人が部屋番号を間違えて書いてしまったのかな。

ボロアパートの部屋には表札の類いはなく、間違えてしまっても仕方がなかった。

なぜか所々しわくちゃの、ピンク色の封筒を手に取ると、菅谷さんは違和感を覚えた。

手紙でも入っているのかな、と思ったが、中には小指くらいのサイズの固いものが入っていた。

封筒のベロを閉じる糊付けの仕方も雑だった。ベロを一度剥がしてからもう一度付け直したような痕跡がある。

美波宛の封筒。

菅谷さんは、中身への興味が抑えられなくなった。

開けてみても、もう一度封をすれば、バレないだろう。

菅谷さんはそんなふうに思った。

どうせ早朝まで帰ってこないだろう。ちょっと見てから、彼女の部屋の郵便受けに入れておけばいいや。

自分の部屋の中に入り、震える指で慎重に封のベロを剥がした。

封筒には、ＵＳＢメモリーが入っていた。

それから、セロテープで何重にも包まれた、小さく四角く折り畳まれた藁半紙のようなものがある。

菅谷さんはノートパソコンを起動し、ＵＳＢメモリーを挿入してみた。

ＭＰ４形式の映像ファイルが入っている。

少しためらったが、菅谷さんはファイルを再生してみることにした。

パソコンの画面いっぱいに、暗闇が広がった。

ガサガサという音がして、画面が引いた。

青い浴槽の縁が映った。続いて、画面下部に痩せた青白い両膝が映った。

女の声が聞こえてきた。賛美歌のようなものを歌っている。撮影者自身の声のようだ。

彼女は、湯を入れていない狭い浴槽の中で、三角座りをしているらしい。

画面の左下に、あちこちが痛んだ長い黒髪が見切れている。

骨張った細い手が画面の右側から現れた。いびつな形をした親指が、藁半紙を浴槽の青い内縁に押しつける。

画面の左から腕が伸びてきた。左手に握られた習字用の細い筆が、藁半紙に触れる。

筆の先は、紫がかった赤黒い液体で濡れていた。

藁半紙に、赤黒いかすれた線が縦に何度も塗り付けられる。

それから太くなった線の上部と下部にそれぞれ、横の線が引かれた。

アルファベットの「I」という文字に見えた。

女は日本語でも英語でもない言語で賛美歌を歌っていた。風呂場の中で高い声が反響していた。

左手に持った筆の先は、藁半紙に伸びてから、いったん画面の下の両膝の間に消え、また藁半紙に伸びてくる。

どうやらその筆先は、藁半紙と、座った女の股の間を往復しているようだった。

股の赤黒い液体……。

この女、自分の経血で文字を書いてるのか。

菅谷さんは口にたまった唾を呑み込んだ。
「I」の右に、何重ものかすれた赤黒い線でアルファベットの「L」が書かれた。
菅谷さんは気づいた。
封筒の中に入っていた、畳まれた紙は、ビデオの中のこの藁半紙なのか。
このビデオも、美波に宛てられたメッセージなのか。
ヤバいものを見ちまってる。
そう思いながらも、あの綺麗な美波の秘密を掴んだような気分を味わった。
ビデオの中では、筆が歪んだ丸を描いていた。
ＩＬＯ。
アイラブユー、と書くつもりなのだろうか。
「ああ、足りないや」
ビデオの中の女が言った。
画面には、女のやせ細った右手首から先が映った。
カリカリカリ、と音がした。
画面に入ってきた女の左手には、カッターナイフが握られていた。

「ねえ、美波、前みたいに私の身体を切ってよ。じゃないと私、自分でやらないといけないでしょ」

カッターの刃が右手首に当てられた所で、菅谷さんは再生を止めた。

菅谷さんは冷や汗をかきながらＵＳＢメモリーをノートパソコンから抜いて、セロテープで包まれた紙とともに封筒に戻した。

映像の中の女と美波は、一体どんな関係だったのか。

部屋の外に誰もいないことを確認してから、美波の部屋の郵便受けに封筒を戻した。

靴音が近づいてくる。

「あら、菅谷さんですよね」

ぎょっとして振り返ると、美波が笑っていた。

「ああ、ご、ごめんなさい、僕の部屋に、間違えて、あなた宛の封筒が入っていたもので」

美波は郵便受けを開けて、封筒を見た。

ハア、と呆れるように溜め息をついてから、菅谷さんを見た。

「これ、開けてませんよね」

声が出なかった。体の震えをごまかすように、菅谷さんは激しく首を振った。

それから二日後。

美波は引っ越してしまった。

大家のおばあさんによれば、実家に帰ったという。

その日の深夜、萱谷さんは目を覚ました。玄関ドアの方で、何かがガチャガチャと鳴っている。

何の音だろう、とぼんやり数秒間考え、誰かがドアを開けようとしている、と気づき、身を起こした。

萱谷さんは、数日前に見たビデオを思い出した。

封筒に書かれた、部屋番号の間違い……。

あの映像の中の女なのか。女が、俺の部屋に美波がいると勘違いして、部屋に入ろうとしているのか。

暗い玄関へと忍び足で向かい、ドアの覗き穴に目を当てる。

外廊下の照明に浮かび上がったのは、黒髪が腰まで伸びた、痩せこけた女だった。

どうやら、鍵穴に針金を突っ込んで、無理矢理開けようとしているようだった。

このままでは侵入される。萱谷さんは気持ちを奮い立たせて、叫んだ。

「警察呼ぶぞ！」

ドアの向こうで、女がクスクス笑うのが聞こえた。

「美波を、出してください。そうしたら帰ります。いるんですよね？」

「美波さんは、この部屋にはいないよ」

ドアから女の足音が遠ざかる音がした。

帰ったか。案外、あっけなかったな。

そう思いながら、萱谷さんがベッドの方に戻ろうとすると、衝撃音がした。

外廊下に面した窓ガラスが、廊下に置かれていた消火器の底で叩かれている。

この女はヤバい。萱谷さんは両拳を握りながら、ドアの前で声を絞り出した。

「美波さんはこのアパートにはいない。彼女は実家に帰ったんだよ！」

女の動きが止まった。

「実家……ああ、そうか、実家かあ。ありがとう」

女はそう呟いて、立ち去ったという。

それ以来、萱谷さんは夢の中で、美波があの女にカッターで切り刻まれるのを何度か見た。

血まみれになった美波は、首だけになっても、萱谷さんを冷たい目でじっと見るという。

やっぱり憑いてた

金曜の夜、高野《たかの》さんは行きつけのクラブのダンスフロアで、美しい女性を見かけた。

ロングのきれいな黒髪、細身のジーンズの似合う、背の高い美女だった。

友人と一緒に遊びにいく予定だったが、友人が体調を崩してしまい、高野さんは一人で遊びにいっていた。

「ジントニックをおごってくれませんか」

カウンターで呑んでいた高野さんは、突然、その美女から話しかけられた。

M美、と彼女は名乗った。

当時、恋愛経験の乏しかった高野さんは。こんな美しい女性が話しかけてくれるなんて、と驚いた。

普段なら、見知らぬ女性からおごってよと言われても、おごることはなかった。

だが、M美は特別美しかった。

バーカウンターで、M美のためのジントニックを注文し、横にいるM美をちらちらと見ながら、おかしいな、と高野さんは思った。

クラブのきらびやかな照明に浮かぶ、端正なM美の横顔。

だが彼女の周りには、何か禍々しい雰囲気が漂っている気がした。

これ、ひょっとして、美人局《つつもたせ》なんじゃないか。この後、彼女にジントニックを渡して、仲良く話しているところに、怖い彼氏がやってくる。俺の女にアプローチしやがって、どういうつもりだ、と彼氏から凄まれて、お詫びの印として金を要求される……。

いや、彼女はそんな悪い子には見えない。突然のラッキーに、自分の気持ちが追いついていないだけだろう、と高野さんは思い直した。

スタッフの差し出したプラスチックコップを受け取る。ジントニックのすがすがしい香りが漂った。

M美の顔を見ると、無邪気な微笑みを浮かべている。

美人局だなんて、とんだ邪推をしてしまったな、とひそかに反省しながら、ジントニックを彼女に渡した。

「ありがとう。ねえ高野さん、あなた視えるって本当？」

M美が胸の前に両手をたらして幽霊のポーズをとる。

そういうことだったのか、と高野さんは納得した。

どうやらM美は、店のスタッフから、高野さんの話を聞いていたらしかった。

俺に男としての魅力を感じたわけではなかったのか、と少しがっかりした。

「まあ、視える時はあるけど、視えるだけだよ。お祓いとかは、期待しないでね」

高野さんは、物心ついた時から「視える」人だった。

だが、視えるだけだった。

生きている人間ではないが、人の形をした、他人には視えないものが、視えてしまう。

それだけだった。どんな理由でそんなモノが存在するのかもわからないし、どうしたらその存在を遠ざけられるのかも知らない。

「今、あたしの周りに何か視える?」

クラブ内では、アップテンポなアメリカのヒップホップがかかっていた。バーカウンターの前でも照明は暗めだった。

「ここじゃ、わからないな。明るい場所で視ないと」

「じゃあ、いったん一緒に外に出ましょ」

M美は魅惑的な微笑みを浮かべた。

高野さんはドキドキしながらM美と一緒に外に出た。

すぐ近くにあった街灯の下に彼女と入った。

途端に高野さんは背中に寒気を覚えた。

時刻は二十三時半過ぎ。通りには誰も来ない。そこには二人きりのはずだった。

だが、高野さんには視えた。

M美の左後ろに、腰の曲がった白髪の老人がいる。生きている人間よりも、色合いが薄かった。

穴だらけの白いランニングシャツを着ている老人は、M美さんの顔をじっと見ていた。

やせ衰えた腕を組み、青い血管が浮き出ている。皺だらけの顔で、灰色の唇は薄かった。

眼球はほとんど白目で、真ん中に点のような黒い瞳があるだけだった。

眉間に深い皺を寄せていて、M美のことを睨んでいるようだった。

「変なこと訊くけど、いいかな。思い当たることが無かったら、忘れてね。M美さんって、高齢の男性から恨まれる覚え、ある?」

M美の顔が曇った。

「高齢の男性……ああ、ずっと昔のことだけど。ガキ大将に脅されて、近くの屋根付き駐輪場に寝泊まりしてるおじいさんに、いたずらをしちゃったことはある。うわあ、そっかあ、やっぱり憑いてたのかあ」

M美は溜め息をついてから、小学四年生の時のことを高野さんに語った。

ある日、工作の得意なガキ大将の健次が、手作りの吹き矢を作った。

吹き筒《づつ》には、長くて太いストローを使った。丈夫な紙を、ストローの内幅に合わせて円錐状に丸めて風受けにして、その先端にボンドでコンパスの針を固定していた。

最初は、みんなで空き地に集まって、落ちていた段ボールを的にして、的当て大会をしていた。

だが途中から、もっと面白い遊びをしよう、と健次が言い出した。

空き地に近づいてきた野良猫を見て、健次がいじわるな笑みを浮かべた。あの猫の目を吹き矢で潰してみようぜ、とウキウキした口調で健次が言った。

「あたしは猫が好きだったから、それはかわいそうよ、野良猫だって大事な命なんだから、と泣いたの」

すると健次は困った顔をして、じゃあどうでもいい命を狙おう、みんなが迷惑がってる奴をやっつければいい、と言い出したという。

それもいけないことなんじゃないのかな、とM美は言った。

だが、サディスティックな衝動に興奮した健次を誰も止めることはできなかったという。

M美が咳き込んで、話が中断した。

M美を睨んでいた老人が、ゆっくりと首を振っている。老人の口が、うそをつくな、と何度も呟く。

「M美さんの今の話、ほんと？　このおじいさんは、嘘をつくな、って君に言ってるけど」

高野さんが遠慮気味に言うと、M美は舌打ちをして、不敵な笑みを浮かべた。

「そっか……そのじじい、今、あたしの話が聞こえてるんだよね？　あたしの姿も見えるの？　ってか、ずっとあたしにつきまとってたのかよ。まじキモ過ぎなんだけど。そいつ、どこにいるか、指差して」

M美の刺すような目線に怯えながら、高野さんはうなずき、M美の左後ろを指さした。

「おい、そこにいるじじい。あたしのそばからさっさと消えろよ。あんたのことで、あたしはこれっぽっちも後悔なんてしてねえよ。あたしを恨んでるのに、部屋のカーテンをヒラヒラ動かすくらいの力しかねえんだろ、情けねえなあ。ああ、そうだよ、あんたの目を吹き矢で潰そうと提案したのは、あたしだよ。だって、猫ちゃんがかわいそうだったんだもん。あんた、車に撥ねられてあっさり死ねたんだから、すんなり成仏すればいいものを、あたしに十年以上も取り憑くなんて。てか、あの時からずっと、あたしの全部を見てたのかよ。マジありえねえ。さっさと消えろよ」

M美が老人のいる方に怒声を浴びせる中、老人の眉間の皺はますます深くなった。骨張った両拳を握り、震わせている。

「この人、怒ってるよ。それくらいにしておいた方がいい」

高野さんは注意したが、M美はうるせえ、と高野さんにも敵意を向けた。

「おい、ちゃんと聞けよ、社会のゴミくず。てめえみてえな不潔なジジイが、缶詰を集めて町を自転車でうろついてたのを、みんな迷惑がってたよ。かわいい猫ちゃんの身代わりになれたことを、名誉なことだと思えよ。さっさと消えねえと、知り合いの呪術者に頼んで、散々苦しめてから地獄に落とすぞ」

M美がそう言うと、老人の姿は街灯の明かりの中に溶けていった。

消えたよ、というと、M美は不気味な笑みを浮かべた。

「ねえ高野さん、あたしがやったことは正義だよね？　だってあいつ、町の厄介者だったんだよ。あいつのせいで、汚くて、臭くて、みんな迷惑してたんだから」

M美が首を媚びるように傾けて、微笑みながら高野さんに尋ねてきた。

高野さんはうなずくことしかできなかった。

その半年後。

高野さんはクラブで知り合った男から、M美が心を病んだと知らされた。

交際していた幼馴染の健次の家で一人でいる時に、老人にカーテンで首を絞められた、と周りに言っているらしい。

警察はM美の話を信じず、M美への傷害容疑で健次を調べているらしかった。

二人は結婚を間近に控えていた。

子供の頃からM美の言いなりだった健次が、M美の首を絞めるはずはないのに。

二人のことを知る男が、高野さんにそう言ったという。

かおりお兄ちゃん

和恵《かずえ》さんの一人娘が七歳だった時の夏休みに、夫の仕事の都合で引っ越すことになった。

小学校の友達と別れるのはイヤ、と娘は泣いていた。

だが、引っ越してからは、新しい町の緑豊かな環境を喜んでいるように見えた。

二学期が始まるまでに、娘には町の空気に慣れて欲しい、と和恵さんは思った。

引っ越し後の片づけなどを済ませながら、お外に出かけたい、という娘の要望を和恵さんはできるだけ聞き入れた。

「ねえ、これ、お手紙が来てたの」

ある日、娘がそう言いながら、郵便受けから取ってきたものを和恵さんに渡してきた。

ははあ、これは娘が自分で書いて、郵便受けに入れたハガキだな、と和恵さんは微笑んだ。

消印のない郵便ハガキの表には、娘の筆跡で新居の住所と娘の名前がすべてひらがなで書かれていた。

だが、そのハガキの裏に縦書きで書かれたものは、全く読み取れなかった。

いびつな曲線の組み合わせは、文字というよりは絵に近かった。

見ようによっては、蛙や象や犬のようでもある。古代の象形文字のようでもあった。

「これ、あなたが書いたの？」

「違うよ、かおりお兄ちゃんだよ」

「え、かおるちゃん？」

「かおる、じゃなくて、かおりお兄ちゃん。間違えちゃだめなんだよ。この間、お友達になったの」

引っ越したことによる心細さや淋しさが、娘の頭の中に架空のお友達を作ってしまったのだろうと和恵さんは思った。

「あのね、そのお兄ちゃんがね、お手紙をくれるっていってたの」

娘が無邪気な顔でいう。

「でも、こんな変な文字じゃ、読めないわよねえ」

「ううん、あたし読めるよ。これは、あっちの世界の文字なんだって。お、か、あ、さ、ん、に、ぼ、く、の、こ、と、は、な、し、て、ね、ぼ、く、は、じ、ゆ、う、さ、い、で、す」

和恵さんは戸惑いながらも、娘の話に合わせることにした。

「そう。かおり君は、十歳なんだね」

「うん。あたしのお兄ちゃんって言ってた」

和恵さんは困惑した。

「あなたには、お兄ちゃんなんていないのよ」

「でも、お兄ちゃんはうそつかないよ。あたしが生まれる前から、あたしのそばにいてくれたって言ってたもん」

今日は変なことを言うなあ、と思いながら、和恵さんは夫の好物であるビーフシチューを作り始めた。

帰宅した夫に、和恵さんは娘との奇妙な出来事について伝えた。

あの子、淋しいんだろう、まあ仕方ないさ、と言いながら、夫は和恵さんに微笑んだ。

なぜかその笑みは少しひきつっていた。

その週の土曜日。

娘は朝食を食べ終えると、お手紙が来てる、と言って、娘は消印の付いていない郵便ハガキを持ってきた。

またハガキに自分で書いて郵便受けに入れたのね、と和恵さんは苦笑した。

「ねえ、お父さん、かおりお兄ちゃんからね、お手紙届いたよ」

「ごめんね、今、お父さんは新聞を読んでるんだ」

いつもなら、休日の夫は娘に話しかけられると、顔をとろけさせながら対応していた。

だがその日はなぜか、夫は気難しそうな顔をして、普段は読まない経済面をじっくり読み込んでいる。

娘は夫の横で、郵便ハガキの裏面を見ながら、象形文字めいたものを一つずつ読み始めた。

「お、と、う、さ、ん、い、も、う、と、も、つ、れ、て、い、く、ね」

夫は新聞を投げ出し、娘の手からハガキを取り上げて、びりびりに破いた。

「気持ち悪いいたずらはやめなさい！」

和恵さんは、夫が怒鳴るのを初めて見た。

娘は数秒間凍り付き、やがて声を上げて泣き始めた。

夫は呆然としながら天井を見ていたが、泣く娘を見て、右手でそっと娘の髪をなでようとした。

だが娘はぷいっと夫の手をよけて、自分の部屋に行ってしまった。

その日の夜、和恵さんは夫からの告白を聞いた。

十年前、大学生だった夫は、当時交際していた恋人を妊娠させ、堕胎させていた。

あんたの子ども、連れてってやるから。

それが、恋人からの最後の言葉だったという。

その恋人の名前は「かおり」だった。

娘がそのことを知っているはずはないのに、と夫は不思議がっていた。

堕ろされて、名付けられないまま死んだ男児の怨念が、母親の名を名乗り「お兄ちゃん」として娘の前に現れたのだろうか、と夫は怯えていた。

父親にハガキを破られて以降、娘は奇妙なハガキを書かなくなった。

変なことしてごめんなさい、と娘は夫に謝った。

こっちこそ怒鳴ってごめんね、と言って、夫は娘を優しく抱きしめた。

小学校ではすぐに友達を作り、「かおりお兄ちゃん」のことも、すっかり忘れてしまったようだったので、和恵さんも安心した。

それから十年。

大きな事故や病気に見舞われることなく、和恵さんの娘は成長した。

無事に第二次反抗期を迎え、「パパなんか嫌い」が口癖になった。

夫はどんなに忙しい時でも、毎朝、近所の神社に参拝し、娘の無事を祈っているという。

和恵さんはつい最近、娘からあることを打ち明けられた。

「実はね、パパにハガキを破られた後も、半透明のかおり君は成長してて、時々目の前に現れるんだよね。私を見てるだけだし、厭な感じはしないから、別にいいんだけど
心配するだろうから、パパには絶対に言わないでね。」

和恵さんは娘からそう釘を刺されたという。

あとがきにかえて

心霊体験「恐怖緩和」説

「私の一番怖いもの……そうですねえ、死後の絶対的虚無、ですかね」

怪談取材中、ある女性からそう言われました。

日々の忙しさにかまけていると忘れがちな、「自分もいつかは必ず死ぬ」という事実。死んだ後、自分の魂は浄土にも天国にも、地獄にすらも行けないかもしれない、という可能性。

来世へと転生することはなく、現世に留まることもできず、完全に消滅してしまうかもしれない。自分という存在が、真っ暗闇の、感覚も思考も何もない、絶対的虚無に呑み込まれてしまう、という観念の恐ろしさ。

「現世に残った遺族や知人が、どれだけ心を込めて供養してくれても、その絶対的虚無には決して届かないんでしょうね。私、心霊体験をする人がうらやましいんです。その体験に基づいて、自分の魂も死後に存続して、現世に再び出現できるかもしれない、と感じられるじゃないですか。この世で抱いた怨念や憎悪や後悔が、死後の自分を怨霊として存続させてくれる根拠になるかもしれない、ってプラスに転換できるし。心霊体験は、死後に絶対的虚無に呑み込まれる、っていう根源的な恐怖を緩和してくれるものだと思います」

興味深い仮説だと思いました。

心霊体験は、体験者にとっては、二度と遭遇したくない、血も凍るような恐ろしい出来事かもしれません。

しかし、その恐怖と引き換えに、「死後の絶対的虚無」という恐ろしい観念から逃れられるとしたら、どうでしょう。

私自身、読者として実話怪談を読む際、あるいは心霊体験を取材する際、恐ろしい出来事を追体験しながらも、どこかで居心地のよさを覚えていました。

その理由は、絶対的虚無への恐怖を緩和された、と感じたことにあるのかもしれません。

本書に収められた恐怖体験が、何らかの形で読者の皆様のお役に立つことを願っております。

二〇二〇年　渋川紀秀

恐怖実話　狂禍

2020年3月6日　初版第1刷発行

著者　渋川紀秀
企画・編集　中西如(Studio DARA)
発行人　後藤明信
発行所　株式会社 竹書房
〒102-0072 東京都千代田区飯田橋2-7-3
電話03(3264)1576(代表)
電話03(3234)6208(編集)
http://www.takeshobo.co.jp
印刷所　中央精版印刷株式会社

定価はカバーに表示しています。
落丁・乱丁本の場合は竹書房までお問い合わせください。

ISBN978-4-8019-2188-7 C0193